朝日新書
Asahi Shinsho 729

この世を生き切る醍醐味《だいごみ》

樹木希林

聞き手・朝日新聞編集委員　石飛徳樹

朝日新聞出版

プロローグ　きょう一番話したかった話をするわね。

《2018年3月22日。朝日新聞の連載「語る　人生の贈りもの」のインタビューのために、樹木希林さんは東京・築地の朝日新聞社を訪れた。

食事を摂りながら、雑談を挟みながら、3時間余り楽しいインタビューをして、今日はそろそろお開きにしようかという時だった。樹木さんが鞄から2枚の写真を出して、私たちの前に並べた。

私たちというのは、その場にはもう1人いたからだ。樹木さんの希望で、NHKの木寺一孝ディレクターも同席していた。樹木さんの番組を作るために密着取材をしていた》

じゃあ今からね、きょう一番話したかった話をするわね。私ががんになったのが平成16年でね。今、平成30年でしょ。こっちの写真は、2016年っていうと平成28年ね、その年の11月、病院で撮ったPETなの。

《PETとは、「陽電子放射断層撮影」のことだ。がん細胞があると、黒く表示される。樹木さんは鹿児島市の病院に定期的に通って放射線治療をしていた。この写真もあちこちが黒くなっていた》

平成28年11月からね、1年ちょっと、さぼって病院に行かなかったんです。それでね、今月5日に久しぶりにPETを撮りに行った時の写真がこれなの。

《2016年の写真とは比べものにならないくらい、全身が真っ黒になっていた》

これだけ全身に転移してる。

――（木寺）あらっ。

――ははあ……。えーっ？

ものすごく骨転移していた。PETの先生が見て「いやぁ、こんなになっていましたか」と。それで、放射線の先生は「もうピンポイントでは処置出来ないから、あとは抗がん剤とか」って。でも、私はそういうのやらないから。これまでと変わりなくやっていくわけだけどね。

――……。

PETの先生に「この状態でどれぐらいいけますかね」って聞いたら、「まあ、今年いっぱいでしょう」ということだった。放射線の先生は「もっと早いかもしれない。それ以上延びることは難しいでしょう」と。在宅医療の先生に相談すると、「これはもう末期の状況だから、こうやってしゃべっているだけで苦痛でしょう？」って言われた。

――えっ……。

私は今年いっぱい、ということなのでね。そのことを踏まえて、私はきょうここへ来てるわけ。これを聞いて、あなた方の取材がちっとも変わらないということであれば、私はちょっとやれない。やっても無駄だなぁって思う。人間として何を見つめていくかということを、悪いけど、そちらから出してくれないと、私はこれだけさらしたわけだからね。そういう身体なんだ。

——びっくりして言葉が出ません。今、大丈夫なんですか、お話しするのは。

それは大丈夫。だけど、「さあ、これを見て、作り手としてはどうなの?」っていうことを、これから私が問題提起するわけです。やっぱりなんか、目玉がないとさぁ、あなた、私が材料持ってこないと「NHKスペシャル」にならないから。「作り手としてはどうなのよ?」っていう、それを今見てるわけよ、こちらから。きょうの最後にこれを見ていただいて。

——私、動揺が止まりません。

この間ね、「NHKスペシャル」の「人体 神秘の巨大ネットワーク」っていうシリーズの最終回に出演したのね。がん治療がテーマだった。それで久々に「検査しとこう」と思って、収録の3日後に検査をしに行ったのよ。そしたら、こういうことになったの。

3月25日にオンエアされるんだけど、がんについて、私もいろいろしゃべってる。その時はこんなになっているとは知らなかったから、本当に気楽にしゃべってるわよ。

——なるほど。えーっ。

だから、これは石飛さんには早いとこしゃべっておかないと、とね。

——しっかり取材します。

連載は5月だっけ？　連載が終わるぐらいまでは、何とか息をしてるかもしれないけど、石飛さんがこのことを知って、記事がどういうふうに変わってくるのかなぁ？と思って。木寺さんはもう1年近く、密着っていう形で来たけど、何かめぼしい物が見つかったのかどうか。「これで『NHKスペシャル』になるのかなあ」と心配していたけど、「この2枚のPET写真があれば、番組の肝が少し出来たかな」。私はそういうふうにモノを考えるわけよ。だって、何も出てこないもん。私はただ話してるだけ。あなたはさぁ、初めて聞く話だから新鮮かもしれないけど、話してる方は、もう何にも驚きもないわけだから。それに対して、おふたりがどういうふうに思うのかっていうのをね、ちょっと聞いてみたいかなと思って。

——いやあ、想像もしてなかったものですから……。

そうだよね。

——びっくりしました。

でも、ずいぶん昔から「全身がん」って言ってんだよね。それで「死ぬ死ぬ詐欺じゃないか」って言われて。

——そうですね。言われてますね。

でも、こういうふうに検査結果が明らかになったわけだから。これで生きてるっていうのは、ほんとなら、もう大変しんどい状態なんだろうと思う。これから公開映画の宣伝もずっとやっていかなくちゃなんないでしょう? 今のこの私の状況を、やっぱり少しは反映していかないと、つまんないかなぁって思うのよ、自分の中でね。こんな状態になって、どうですか。

——（木寺）希林さんが僕におっしゃったこと、あるいは撮影現場で話しておられたことっていうのが、やっぱり何か、今の社会の中で生きる一つのヒントになるんじゃないかなと思っているんです。

うーん、でも、何を伝えるのか。

――（木寺）映画が作られました、役者としての人生がこうです、っていうことじゃ当然、ないと思ってるんです。やっぱりそこは、希林さんが僕に語りかけてくれる、あるいは僕が希林さんに言う、そういう２人の関係性みたいなね。その中から、何か普遍的なことが見いだせていけたらなっていうふうに思ってます。

じゃあまあ、これでもう一息やってみますか。

――僕、「モリのいる場所」（２０１８年）で、すごく心に響いたセリフがあるんです。最後に熊谷守一が言う「もっと生きたい。生きるのが好きなんだ」ってセリフです。そういえば、僕は、「生きてるって楽しいんだ」っていうことを伝えたいなと思って、ずっと記事を書いてきたような気がしました。自分もそうありたい、誰もがそうあってほしい。今、樹木さんからPETの写真を見せてもらった時に、なぜかますますそんな気がしました。樹木さんの生き方の楽しさっていうんですか、何て言うんでしょう。それが伝わる記事にしたい、と。

楽しいかどうかはあれだけど、人生が嫌じゃないのよね。

――読者の方々にそこを伝えたいし、樹木さんの出演している映画やドラマ自体がそうだろうっていうのがあります。

そうじゃないのもいっぱいありますけどね。一応、テレビから映画に活動の場所を移して、そこからはもう映画しかやってないんですけども。

まあ、そういうことで。でもね、私自身は今、何の動揺もないの。今はもう、娘たちと一緒に、人生の始末のつけ方をずうっと一緒にやってるわけ。

――そうですか。娘の也哉子《ややこ》さん、英国から日本に帰っていらっしゃるんですね。

ええ。一番ちっちゃい孫を連れて。

――ご家族の話も、ぜひたくさんうかがいたいです。

どうぞどうぞ。きょうはどうもありがとう。じゃあ、これで。


《樹木さんへのインタビューは全部で3回行った。以上が1回目のインタビューの最後のくだりである。音源を聴き直してみると、NHKの木寺さんも、私も、あまりにも衝撃的な告白に、完全に言葉を失っていた。2人とも懸命に言葉を探すのだが、どんな言葉も上滑りしているように感じられ、まともに口から出てこない。そんなしどろもどろな状態だった。木寺さんはこの時の衝撃と覚悟を糧《かて》に、「NHKスペシャル〝樹木希林〟を生きる」という素晴らしい番組を作られた。それは亡くなった名優を単に顕彰するものではなく、樹木さんと木寺さんが自らを真剣にぶつけ合った結果生まれた、まったく新しいドキュメンタリーになっていた。

本書が木寺さんの「NHKスペシャル」ほどの重みを持ち得たかどうか、心許なくはあるが、最後の命を削って付き合ってくれた樹木さんに、未熟な私が必死で精いっぱいしがみついて得た言葉たちであることだけは間違いない》

この世を生き切る醍醐味　目次

告する／母と本木さんとのやりとり／母の結婚観や家族観はなかなか受け入れられなかった／母から、父から受け取ったものを、私は生かせるのか

樹木さんと也哉子さんのインタビューを終えて……石飛徳樹

1　私は「闘病」というのをした記憶がないのね。

——がんが最初に見つかったのが2004年でした。

ええ。がんと付き合って、もう14年になります。これまでに身体の30カ所を治療してきたんですよ。

——13年の日本アカデミー賞授賞式で、全身がんであることを公表されました。しかし、とてもお元気に見えますね。

私、口だけは達者だからね。「ウソついてんじゃないか」というふうに言われてきたわね。「死ぬ死ぬ詐欺」とかね。

——乳がんでした。

そうです。右胸にしこりがあったので、2004年の10月頃に病院に行ったんです。「先生、これ、がんでしょう」って言ったら、先生が「いやあ、違うでしょう。がんじゃないですよ。何かのしこりでしょう」って答えるの。「いやあ、きっとがんですよ」って私が粘るとね、「じゃあ調べてみますか」って。

——そんな不思議なやりとりがあったんですか。

ええ。それで検査してみたら、先生が「やっぱりがんでした。よく分かりましたねえ」と感心するのよ。そんなだもの。がん告知なんて、劇的なものじゃないのよ。その当時はまだ、本人にがんを告知すべきか否か、揺れていたと思うの。こっちから「これはがんですよ」って言ったから、「いやあ、がんでした」となった。それにしても、私の場合は、がんの告知まで間の抜けた、笑えるような感じになっちゃうのよね。

——手術で右乳房を全摘出されたんですね。

「切るんですか、切らないんですか」って聞くとね、先生は「抗がん剤で小さくして手術をするか……」と。それで私が「じゃあ、そのあとはどうなんですか」って尋ねたら、向こうはグジャグジャ言ってた。その頃の治療方法といえば、切るか、抗がん剤か、放射線か。あとはよく分からない民間療法というのがあったわね。それでまあ、切ればいいのかと思って、「じゃあ、切って下さい」って言ったんです。

――手術は成功したわけですね。

医学が進んでいますからね、手術自体は何てことなく終了したんだけども、がんっていうのは、そのあとなのよね。だって、何年もかかってがんになってたわけでしょう？そういう生活習慣を変えない限り、また、がんは出来るわけですよ。だから、そこから再発っていうか、あちこち転移したんです。

――以来、現在まで鹿児島市の病院で放射線治療をされています。

転移が分かった時に、他に方法がないんで、ピンポイントの放射線治療をしてくれる病院を見つけたわけね。それで今日まで10年以上、息をつないでるかなあ、っていう感じなんです。

――治療は大変なんですか。

私はね、抗がん剤治療によって、文字通り、のたうち回って亡くなっていった人を何

事務所もなく、マネジャーも置かない。「自分でギャラの交渉をするのが楽しみなの」写真：朝日新聞社

人も見てきたの。家族がもう見てられなくてね、亡くなった時にホッとしたっていう人を見てきた。だけどね、私の場合はおかげさまで生活の質がまったく落ちていないのよ。

——素晴らしいことです。

それ自体は素晴らしいわね。がんが消えてもね、身体の他のところがへたばっちゃったら、なんにもなんないと私は思っているのよ。

——そうかもしれません。

「闘病」って言葉がよく使われるけどさ、私は「闘病」というのをした記憶がないのね。闘わないから。私の治療は、1年に1回鹿児島に行って、ピンポイントの放射線照射を受けるの。痛くも何ともないし、洋服のまんま照射を受けられる。1日につき、たった10分ぐらいで済んじゃうの。その代わり、線量をすごく少なくしてやるわけだから、副作用も少ないけれど、次の日もまた次の日も、と、日数が掛かるわけよ。

——ああ、なるほど。1回につき何日くらい治療を受けるんですか。

最初はね、先生のおっしゃるように、1カ月間、滞在しました。緩やかに放射線をかけてね。だけど、もう次からは、「先生、1週間で仕上げてくれませんか」って頼んだの。

「線量強くしてもいいから、少々焦げても構わないから、1週間で帰らせてもらいたい」なんてね。先生も「そうですか」と。

――1カ月かかると仕事に差し支えますね。

仕事に通いながら、とか、出来ればいいんだけど、鹿児島なら鹿児島のそういう場所に行かないとダメだとすると、ちょっと飽きてくる。「なんかなあ」って思い始めて。だんだん贅沢になってきて、「もういいかな」っていうふうに思っちゃっていたわけですよ。

――ここのところ？

この1年半ばかし。それまでは毎年1回ぐらいは行っていたんだけどね、もうここんとこ「いいなぁ」と思って。それはもう、自分の浅はかな知恵ですよね。

――東京に病院があればいい、と思いますか。

うん。でもね、その鹿児島の先生がずいぶん前に「東京でもこの治療をやろうと思うんだけど」っておっしゃったことがあってね。その時、私はこう言ったのよ。「いやあ、先生ねえ、東京に出して、みんなが簡単に治療出来てね、生活出来るようになると、人間変わらないじゃない？　だから、こうやって遠くへ来て、こうやって、何にもやることないと、常に自分のこと考えなきゃなんないから、自分と向き合わなきゃなんないから、この苦痛が人生を見直すチャンスになるわけでね、そんな簡単に治る方法を、採らせない方がいい」って。そんなこと言って、人の足を引っ張ってたのよ。

――映画「東京タワー　オカンとボクと、時々、オトン」（2007年）の樹木さんが演じられたオカンは、がんで亡くなるんでしたね。

そうそう。あのオカンはねえ。

――苦しんでましたよね。

あれはもう、抗がん剤をやって、身体がへたばって、体力もなくしてしまって。あの時は「そうよ、そうよ、こんなふうになるのよ」って思いながら演じていたわね。

――あれは、原作者のリリー・フランキーさんのお母さんがモデルですから、少し昔の話ですね。

うん。だから抗がん剤をたっぷり使っていた。

――でしたね。あの映画に出られた時は？

もう、がんだったと思うなあ。病気になって身体がつらいから、「もうテレビをやめて映画だけをやらせてもらう」と言っていたわね。再発もしてたんじゃないかな。

――ご自身ががんだったのに、がんで苦しまれている女性を演じるっていうのは、どんなお気持ちなんでしょうか。

いや、何にも思わなかったわよ。私は違う治療法だったから、こういう思いはしなかったけど、さっきも言ったように、こういう思いをしている人を身近にたくさん見てきた。「ああ、こういう最期ね」っていう感じですかね。すごく素っ気ないんですよ、私は。自分の死に対しても他人の死に対しても。父親と母親の死も、「ああ、もうダメだった？　じゃあ、これでおしまいね」ってなもんで、非常に素っ気ない人間なんですね。

――その素っ気なさはどういうところから培われてきたんですか。

私ね、それについて妹と話をしたことがあるのね。よくみんな、親が亡くなった時に、そりゃ90歳や100歳だったら大往生だけど、80歳前の人だったら、結構泣いてるじゃない？　妹にね、「私は全然泣かなかったけど、非情な人間だからなのかねえ」って聞いたら、妹も、「私も泣かなかったわねえ」って言ってた。「まあ、そういう血筋なんだ

わね」って、2人で納得したんだけど。

――お父さまとお母さまは、おいくつで亡くなられたんですか。

2人とも74歳でした。私は1つ越しましたね。

――ああ、そうですね。どちらが先でした？

母が年上だから先でした。膵臓《すいぞう》がんでした。

――お父さまは？

父は心臓です。

――この間、樹木さんも出演なさっていた「NHKスペシャル　シリーズ人体」でもやっていました。日本人の死因のトップ2が、がんと心臓病なんですってね。

うん。でもね、いま思うとね、2人とも、生活習慣に問題があったわね。あの生活ぶりじゃあねえ、っていうところがあった。

――どんな生活ぶりですか。

いやあ、まあ、夫婦でよく煙草を吸ってたわね。しかも私に隠れて吸うのよ。「あいつがうるさいから、あの子に隠れて吸いましょう」と言ってるのに、灰皿が出しっ放し

なんだもん。すぐバレるって。まあ、そういう。真面目に生きてきたのに亡くなったというのとはちょっと違うから、もう「うーん、まあ、仕方ないよねぇ」となる。私、やっぱり非常に情感のない人間よね。

――樹木さんご自身は、がんが見つかってもう14年になります。実感としては苦しい道のりなんでしょうか。

そうね。でも、病気になったことでメリットもあるんです。例えば、演技賞をもらっても、妬まれないで済むのよ。「あの人、もうねえ、先がないんだし、いいんじゃないの」ってね。それは助かってる。

――ハハハ。それにしても本当に最近、賞を取りまくっていますね。

なんだかねえ。病気があるから、本当に妬みをかわせているわね。あと、少々口が滑っても、おとがめなしになってきた。「しょうがないよ、もう死ぬんだから」っていう感じ。でも、そうじゃない？「嫌な人だと思ってたけれど、まあ、そんな大変な思いもしているのね」って思えるじゃない？ そう考えると、私、得してる。がんになって得してるわあ。そうやって、得してることがたくさんあるの。

――他にもたくさん？

うん。つらつら思い起こせば、情状酌量をしてもらっているなあと。それからね、私自身も、ケンカする体力がなくなってきて、ずいぶんと腰が低くなったわね。

――え？　腰が低く？

私がそう言うと、みんなに「ウソだろ」って突っ込まれるけど、若い頃はこんなもんじゃなかった。本当に偉そうだったんですよ。

――普通はベテランになるに従って、偉そうになってくるものですよね。

私は女優デビューした時が一番偉そうだった。「こんな芸能界のようなところにずうっといないだろうなあ」っていう感じで生きていたからね。相手が立ち上がれなくなるようなことも平気で言ってたわね。

――恐ろしいですね～。

やっぱり病気をしてよかったな、というのはね、そこまでのエネルギーがなくなっちゃったのよ。一人ひとりを相手に、そんなことをやってたら、くたびれちゃうから。自分の体力がなくなっちゃう。だから、あんまり相手を追い込まなくなった。

――それは助かります（笑）。

元気な頃は、一緒に崖っぷちまで連れていって、一緒に落ちる、っていうとこまでやっていたからね。今そんなことをしたら、向こうがはい上がってこられても、こっちは「もうはい上がれないわぁ」っていうことになる。「じゃあ、落ちてしまう前に、ちょっと考えてみよう」ということですかね。そういえば、以前、養老孟司先生が「僕はね、がんの検診は絶対に受けないんです」とおっしゃったことがあったわね。

――どうしてなんですか。

私も聞いたの。そうしたら「がんっていうのはね、出来てもまた消えてったりね、するんですよ」と言うの。「もう、みんな、がんがいっぱい出来てるんですよ。年を取ってくれば、それが固まってくるんです。早期発見、早期発見なんて喜んでるけど、あんなのは放っときゃあね、なくなっている可能性もあるんですよ」って。そういうことらしいの。

――それは面白いですね。

「だから僕はね、もう、ゆったりと楽しいことをやる。そして嫌なことはもうやめることにしました」って。それでね、一番嫌なのが大学の先生だったってわけ。そんで『バカの壁』がヒットした時に、「もうこれで食べていける」と思って、北里大学は辞めちゃったんですって。

2　仕事は出演依頼が来た順番とギャラで選んでいるんだから。

がんになったのをきっかけにね、テレビの仕事をやめて、映画だけをやらせてもらおうと決めたんです。テレビはサイクルが速いでしょ。疲れるのよ。セリフなんか、どんどん吐き出していくだけで、まともに演技をしている暇がない。そういうのはもう、散々やってきたから、そろそろオシマイにしようと思ったの。

——確かに、樹木さんは若い頃から映画もたくさん出演なさっていますが、私たちの印象に残ってるのは「時間ですよ」「寺内貫太郎一家」「夢千代日記」といったテレビドラマや、フジカラーやピップエレキバンのCMですね。

そうね。昔のテレビは杜撰《ずさん》だったわね。しかも、ずいぶん偉そうにしていたのよ。商店街でロケをした時なんかでも、ドーンと大きなカメラを据えると、通りかかった買い物客に対して「そこ、通らないでっ！　通らないでっ！」と強い口調で怒鳴ったりしてね。ほんと、大した作品でもないくせにねえ。なにしろ私が出てるくらいだからね。

——いやいや、大した作品じゃないなんてことは……。

連続ドラマになると、今度は前週とつながっていなかったりするの。「あれ？　前週はここに仏壇がなかった？」って聞くと、スタッフが「ああ、あれですね。やめました」「ええっ？　前週分、もう撮っちゃってるじゃない？　どうするのよ」「いやあ、大丈夫ですよ」なんて。そんなことばかりやってたからねえ。ほんと、いい加減なものよ。

——1970年代の樹木さんは、「時間ですよ」「寺内貫太郎一家」「ムー一族」と人気の連続ドラマが続いて、さぞかしお忙しくて大変だったでしょうね。

TBSの久世光彦《くぜてるひこ》さんとずうっとやっていた頃ね。当時は、時代の先端を走っていた感じがしたわね。あの時はきちんと稽古をしていたし、何しろ、動いてるうちに発見があって、そこで身体がもう反応するようになっていたから、苦痛じゃなかったわね。セ

「若い頃は芸能界が嫌いだったけど、今は好きになりました。だって人生の縮図なんだもの」　写真：朝日新聞社

リフを覚えなきゃならないという大変さはなかった。久世さんと別れてからね。それこそ、私の舌禍事件で別れちゃって。

——「ムー一族」の打ち上げパーティーで久世さんの不倫を暴露しちゃった〝事件〟でした。

そうそう。それ以降、NHKの深町幸男さんの「夢千代日記」とか、ちょっと静かな方向の仕事に行ったんですよ。「夢千代」の早坂暁さんの脚本は本当に遅かったけれど、来たら、すっと覚えられるの。一番大変だったのは、「はね駒《こんま》」という朝の連続テレビ小説だったわね。

——女性新聞記者の草分けだった磯村春子をモデルにした1986年放送のドラマでした。ヒロインを斉藤由貴さんが演じています。

由貴ちゃんと渡辺謙の夫婦の生涯を描いてね。私は由貴ちゃんのおっ母さん役だったんだけど、まあ、とにかく電話帳みたいな厚い台本だった。もう、ダーッと覚えてダーッとやっていかなきゃなんないわけ。それこそ、芝居なんかやってる暇ないのよ。セリフを言うだけで精いっぱいっていう感じだった。

——半年間、週6日間の放送ですから。

なんと、この「はね駒」の母親役で芸術選奨の文部大臣賞をもらったのよ。朝ドラの芝居でねえ、芸術選奨はなかなか至難の業なのよ。

――確かにそうですね。

それは、脚本の寺内小春さんも良かったし、それからあの人、「おしん」をやった小林由紀子プロデューサーと3人で話してね、「母親を演じよう、あの時代の母親っていうのを。今のこの時代に、もういないから、ああいう母親は」ってね。片っ方で、由貫ちゃんと謙ちゃんという、時代を切り開く主人公がいるけれど、母親の方はね、この時代らしい母親を表現しておこう、と。お父っつぁんに仕えて姑《しゅうとめ》にも仕えた、それで、子どもをきっちり育てた女性っていうの。

――昔の母親の鑑《かがみ》ですね。

これはねえ、女性としての私自身には全然ない資質なのよ。だけど、頭の中では「そういう女も魅力的だな」っていうのがあったわけ。だからそれを演じたんだね。それは、作家とプロデューサーといつも話しながら、「出来の悪い息子が家を捨てて満州へ行くって言った時に、さて母親はどうするか」とかね。そういうふうに考えながら、作っていったの。理想の母親像っていうかな、いや、理想じゃないわね。普遍的な母親像を演じるっていうところに行ったんです。

——人気の朝ドラだから、視聴者の反響があったんじゃないですか。

ええ。たくさんの人たちが手紙を下すったわね。「私の母親にそっくりです」っていうのがたくさん来ました。子どもだった自分から見た母親がいました、あの、気働きをして一家の支えになっているみたいなね。立派な方々からも「我が母親を思い起こさせる」って言われましたよ。

——小林プロデューサーと寺内さんと、女性3人で作り上げた。

あの苦しい時代の、自分を犠牲にして家族を守った一人の女性。そこが表現出来たという達成感はありましたね。毎朝放送されるから、まるで自分の母親のように思ってもらえる。それが連続テレビ小説の醍醐味だわね。

——確かにそうですね。あれは何歳ぐらいで演じたんですか。

40歳過ぎぐらいでしたかね。

——テレビでは一風変わったキャラクターで茶の間の人気者だったわけですが、映画に軸足を移すや、出演作が国内外で評価され、自身も演技賞を取りまくっています。昭和の怪優が平成の名優になりました。

いや、これはたまたま恵まれただけなのよ。仕事は出演依頼が来た順番とギャラで選んでいるんだから。私はね、仕事に思い入れがないのよ、昔から。

——いや、いや、とてもそんなふうには見えませんが。

本当にそうなのよ。名前のクレジットの順番で文句を言ったこともないしね(笑)。自分の名前が落っこちていたら、むしろ「ああ、良かった」と思うくらいよ。

——エンドロールの登場順にはピリピリする俳優が多いと聞きます。

昔ね、NHKで毎日15分の連続ドラマがあってね。1週間分まとめて撮っていたから、台本上では自分の出番がない回にも、ちょっと出演するってことがあったのよ。ある時、私の名前がクレジットされていなくてね。そうしたら一緒に見ていた江利チエミさんが「あっ、名前が落ちてるわよ」って教えてくれたわけよ。私は「いいの、いいの。誰にも気づかれない方がありがたいんだから」と言ったんだけどね、チエミさんがNHKに電話してくれたの。そうしたらNHKがホワイトホースを送ってきたのよ。NHKからモノなんかもらったことなかったから、びっくりしたわよ。

——わはは。高級ウイスキーが届いたから覚えていらっしゃるんですね。でも、仕事に思い入れがないというのは、にわかに信じがたい。近年は是枝裕和さんや原田眞人さん、河瀬直美さんといった優秀な監督を選んで出演されていますよね。

それは結果的にそうなっただけ。ありがたいことだと思ってますよ。私、ずっとテレビだったでしょ、どの監督に才能があるのか、なんて、全然知らなかったのよ。そもそも、映画には子どもの頃から良い印象を持ってなかったの。8歳の時にね、親に連れられて最初に見たのが「どっこい生きてる」で。

——今井正が監督した1951年の社会派映画ですね。労働者の困窮をシリアスに描くという、子どもにはちょっとハードな作品ですねえ。

そうよね。映画館は混んでいて、床に新聞紙を敷いて見たのを覚えているわね。もちろん、子どもにはちっとも分からなかった。1991年、今井さんが亡くなる前に撮った東京大空襲を描いた映画「戦争と青春」に出演したんだけどね、その時に「どっこい生きてる」を8歳で見た、という話をしました。「あれ以来、映画っていうのはこういうもんだと思いました」とね。

――それは確かにトラウマになりますねえ。

とにかく面倒くさい映画がずっと嫌いだったわね。その後、「笛吹童子」や「狸御殿」みたいな分かりやすい時代劇を見てね、ちょっとばかり復活したけれどね。だから「この映画が見たい」と映画館に通うってことはなかった。大人になってからは、仕事上で必要な映画を見ることがありました。文学座に入った時に、「七人の侍」の一人だった宮口精二さんがいらして、私たち研究生としゃべってくれました。若い山﨑努さんが「天国と地獄」の犯人役で出ていたりして。そんな作品を見てるうちに、「ああ、すごい映画があるんだな」っていうのは分かりましたけど。

――文学座に入られた頃は、まさに日本映画の黄金期でした。

そうでしたねえ。その文学座の大先輩に杉村春子さんがいらして、杉村さんの付き人として松竹大船撮影所にお供したことがあったわね。研究生が代わりばんこに付いていったの。私は要領が良くて頭が働くから、100円で買い物を頼まれればね、安くてちゃんとしたモノを買ってお釣りを持って帰ってくるみたいな感覚の人間だったの。だから杉村さんからも「あなた、いいわあ。あなた、ずっと付き人でいてちょうだい」っていう可愛がられ方をしていたのよ。その時に付いていったのが小津安二郎さんの「秋刀魚の味」の撮影だったの。

——うわあ。小津さんの最後の映画じゃないですか！　すごいですねえ。中華そば屋の東野英治郎さんの娘が杉村さんでした。

そう。東野さんの娘。東野さんと杉村さんって、年齢がそんなに変わらないんじゃないの？

——調べてみましょう……うわっ、杉村さんの方が1歳年上ですよ。

だよねえ。杉村さんが嫁に行き遅れてるのよね。学校の先生をしていた東野さんが昔の教え子だった笠智衆さんをお店に連れてきてね。のれんを引っ込めてきた杉村さんが「はっ」と、ハンケチを四つに折って泣くでしょ。あのシーンの撮影だったのよ。

——切ないシーンでした。

ところが、杉村さんが何度やってもね、小津さんは「もう1回」「はい、もう1回」と言って、全然ＯＫが出ないのよ。小津組の現場はさ、常にシーンとしてるの。静かなんだけど、ピリピリして、すごい緊張感なのよ。私はずうっと杉村さんを見てたんだけど、一体どこが悪くて、どうすればいいんだか、さっぱり分からないわけよ。そもそも、杉村さんの泣き方がさ、さっきのと今度のとでは、どこが違うのかさえ全然分かんない。

——つらいですね。

私も朝6時に自宅を出て大船に入ってるからねえ、おなかもすいてくるのよ。とうとうお昼になってね、私なんか、もう顔に出てるのよ、おなかがすいて、ふくれてるのがね。そうしたら杉村さんが「何食べる？　ごちそうするわよ」とおっしゃったの。何を食べたかは忘れたけど、天丼か何かごちそうになったんじゃないかな。撮影現場ではずっと「何だかなぁ。もっと早く終わんないのかなあ」と思っていたわね。そして「映画ってヤダなあ」。それが映画についての最初の印象でしたね。

——「秋刀魚の味」の後、小津さんは60歳の誕生日に亡くなりました。

そうよね。60歳はまだ若いわよね。いま考えると、ものすごく貴重な経験でした。とてもありがたいことだったのよ。でも、その時はありがたいとは感じなかった。「なぜ、これがNGなのよ！」としか感じなかった。出来上がった映画を後で見てね、「ああ、ここだここだ」と思ったけど……。

――どこが違うのか分からない（笑）。

うん。分からなかった（笑）。

3　メインになってない分だけ打たれ強いわね。

――樹木さんは東京で生まれ、雑司谷小学校に通っていたんですね。当時はどんな子どもだったんですか。

私の子ども時代を知ってる人は「あの子が女優？　まさかねえ」という感じだったと思いますよ。ほとんど口を利かない子どもだったから。「七人の孫」というドラマでテレビに初めて出た時には「あの子がテレビ出てるって、そんなわけがない」って言ってたでしょう。大抵の人は私の声も聞いたことがないんだもの。

――へええ。学校では目立たなかったんですか。

そうよ。エプロンのポケットに、手を突っ込んでいてね。私は、集団の中心にいたことがないから、ね。隅っこの方からこうやって他の人間をじっと観察している人間だったの。幼稚園の時の集合写真なんかを見るとね、みんなが仲良く固まってるでしょ？私はね、ひとり追い出されたみたいな感じで、隙間を空けて立ってるのよ。真ん中の友達の輪に入るなんてとんでもない。

——名優になった人のエピソードに、子どもの頃、内気だったり、人前でうまく話せなかったりして、心配した親が無理やり演劇学校に連れていった、という話を結構聞きますね。

うん。いますでしょう。分かるわあ。

——目立ちたがりな性格の人よりも、そっちの方がいい役者になるんじゃないですか。

周囲の人間をよく観察しているからね。それから、メインになってない分だけ打たれ強いわね。思春期にアイドルとして脚光を浴びて過ごした子は、割と挫折しやすいということはあるんじゃないかしら。

——お父さまは琵琶奏者。お母さまが居酒屋を切り盛りして、一家の生活を支えていたんですね。

首がすわった頃、両親とともに。働き者の母と芸術家肌の父。「男が働いている家庭を見たことがないの」 写真提供：希林館

私の父親が、また、そういう観察が好きなタイプでね、他人の言動を面白がって、私によく話してました。母親がやってた店というのが、横浜の野毛《のげ》というところにある大衆酒場でね。父親はそういう才覚が全然なくて、ただ琵琶を弾いてるだけの人間でしたけど、それでも、毎日ね、店には行くわけよ。

——お父さまの話で、何か覚えていらっしゃることはありますか。

うん。店で起こったことを「今日は誰ちゃんがこうやった」とかしゃべるわけ。野毛って、今は若い人たちも結構行ってるみたいだけど、当時はションベン横丁というような汚い街でね、そこで小っちゃい店から始めたんだけど。店の従業員はさ、寝床がないから、風呂敷包みに下駄履いて「雇って下さい」って来るような男ばっかりだったわね。彼らの話を父親が聞いてきて、私に話してくれるの。

——どんな話ですか。

うん。「ナントカちゃんがね、昨日、死んだんだよ」と。「駆けつけてみたらば、馬券握ったまんま、こうやってひっくり返ってた」って。「それで調べたら、それが当たり馬券で、その金で葬式が出せたんだよ。大したもんだ、自分の葬式を馬券で払うんだから」みたいなね。おかしいでしょ？　そういうの。

——ハハハッ（笑）。最高です。やっぱり観察が大事なんですね。

大事かどうかは知らないけど、面白いじゃないの。でもね、子どもの頃に養われた癖《へき》って、だいぶ影響しているわねえ。自分のことは棚に上げて、他人を観察しているのね。私自身は、他人から見られない存在だったから。3年ほど前かな、多磨全生園《ぜんしょうえん》というハンセン病患者の施設に、河瀬直美監督とドリアン助川さんと3人で行ったのよ。

——ドリアンさんの原作を、河瀬監督が映画化した「あん」（2015年）の時ですね。

ええ。東村山の全生園から新宿まで、電車で戻ったんだけど、ドリアンさんが私に「大丈夫なんですか。乗客に気づかれて騒がれたりしませんか」と聞くの。そうしたら河瀬さんが「大丈夫。希林さんは自分の存在をすっと消しはるから」と答えたのよ。「ああ、そうね。私、自分を消せるわね」と思った。河瀬さん、よく見ているなあ、って。

——本当に鋭い洞察力ですね。

自分の存在を消すということを、やっぱり子どもの頃に会得していたんだね。いつも、数のうちに入っていないもん。そこからヒュッと抜けて立っているみたいなね。「1、

2、3、4……」と点呼して初めて「あっ、いたの？」って気づかれる子どもだったみたいよ。両親も、私みたいな子どもだったら、恥ずかしくて外に出せなかったということも影響しているかもしれないわね。

――え？　そんなことはないでしょう（笑）。

私ね、5歳くらいの時に、家の中2階から落っこちたことがあるの。中2階に布団部屋があってね、布団に乗っかって遊んでたら、ストンと落ちちゃった。その時に頭を打ったせいで、その日から毎晩、おねしょをするようになったの。小学校4年くらいまで続いたかしら。だけど、親からは怒られなかった。

――怒ってはいけないというご両親の教育方針が良かったんですね。

違うのよ。親も忙しくて、子どもにかまっていられなかっただけよ。あの時代にはまだ、自分たちが生きることで精いっぱい、みたいなところがあったわね。おかげで、私も気兼ねせずに過ごせたんだけど。だから、おねしょをすると、自分で布団を干しました。臭くて、冷たいからね。ビニールなんていう便利なものはなかったから、親が油紙をどこかから調達してきて、それを敷いて寝てたわね。

――あ、あの黄色くてテカテカした紙ですね。

そう、ちょっと茶色のね。番傘の匂いがしてね。昔の番傘には柿渋みたいなのが塗ってあったの。寝る時に、あの匂いがした。毎日、我が家には布団が1枚干してあったんだけどね、本人は恥だなんて全然思っていない。親も意に介していないし。

――そういえば、今、あまり見かけないですね。昔は、真ん中に世界地図が描いてある布団が結構干してありましたよね。

紙おむつの良いものも出ているしね。今だったらさ、町じゅうの噂になって、それこそきっと大騒ぎよ。当時も、あれこれ言う人はいただろうけど、気にしてなかったわねえ。

――おねしょは自然に治ったんですか。

修学旅行に行った時に可哀想だっていうんでね、親が頼んでくれて、鍼《はり》と灸に通ったの。そうしたら、どこかのツボに当たったんでしょうかねえ、コロッと治りました。

――へえ。面白いものですね。

これはいろんなところで話していることなんだけど、小学校にプールがあったんですね。今みたいにきれいなプールじゃなくて、コンクリートがザラザラの、ただ水張っただけのプールなんですけど、二宮金次郎の脇にあったの。

そこで水泳大会があってね、これが全員出なきゃいけないっていうお達しだったのね。高学年になると、平泳ぎだ、クロールだ、背泳ぎだ、バタフライだって、いろんな種目があって、泳ぎが得意な子はそこに出るわけ。でも、私は出るところがないの。溺れはしないけどね。海に浮かんでることは出来るのね、でも競泳は出来ない。「よーい、ドン」って言ったら、すぐビリなのね。

それで、私、6年生の時にね、低学年のために「歩き競走」という種目があったんだけど、「私、それに出ます」って言ったのよ。「歩き競走」なんて、誰でも出来るわけだから、6年生にもなってそんな種目に出る子はいないわけよ。周りは小っちゃい1年生や2年生ばかりで、私一人、大きいの。で、「よーい、ドン」ってなったら、タッタッタッタッタッてすぐ着いちゃったわけ。それで1等賞になった。

みんなはバカにしてたんだろうと思うけどね。でも、賞品をもらう段になったら、「歩き競走」の1等賞も、クロールの1等賞も同じ賞品だったのよ。私よりもずっと泳ぎのうまい子が2等や3等だったりするわけでしょ。で、「歩き競走」の私が1等賞。もちろん賞品っていったって、ノートと鉛筆と消しゴムぐらいですよ、1等賞はね。それでも、他の人は鉛筆だけとかね、そういうふうになるわけじゃない？　その時、初めて周りの2〜3人が「何だ、こいつ」って言い始めたの。「俺たち、こんな頑張ったのに、なんで賞品が一緒なんだ！」って。口を利かない子だったから、その時も黙っていたけど、私の存在価値がちょっと出たのかなと思うわね。

――なるほど。

この「歩き競走」の経験で、私は人と比較しない人間だということを自覚しました。そして「比べなくてもいいんだ」とはっきり分かった。賞品のことを知ってたわけじゃないんだけどね。それで、運動会に出ても、いっつもビリで、父親に「啓子ちゃん、恥ずかしい」って言われていたの。いつもモサーッとしていて、すばしっこさが全然なかった。だけど、頭が悪かったわけじゃあなかったのね。人と比較しなかったの、元々が。規格外だったのね。今となっては、それがよかったんだなぁと思いますね。

――ああ、まさにそうですね。ところで、当時はどんな家に住んでいらしたんですか。

雑司が谷の20坪の借地に、ウナギの寝床みたいな縦長の家が立っていました。母親がなかなかのやり手でね、大工さんにお願いして、2階建てにしてもらったの。

――2階建てですか。それは珍しかったんじゃないですか。

ええ、そうね。雑司が谷の墓地があってね、あとは池袋の駅までなんにもなかった。墓地の森があって、家はみんな焼け野原の後に作ったバラックで、空襲で焼け残った家もあったけれど、2階建てはウチだけだった。池袋駅に西武デパートがあって、ウチからよく見えたのよ。その時の西武デパートは2階建てだったんじゃないかな。

――2階建てのデパート！　希林さんの家と同じ高さなんですね。

池袋の東口と西口を結ぶ橋が板で出来ていたからね、歩いている人たちの下駄の音がガランゴロンガランゴロンするの。そういう音の記憶って、面白いわね。ずっと残っているのよ。その後、7階建てくらいになってね、屋上に遊園地が出来て、その下に食堂があったの。母親に連れていってもらった時に「こんな夢のようなところがあるんだ」と感激したこと、まだ覚えているわ。

――そうなんですよね。僕の子どもの頃にも、そういう感激がありました。今の子どもは最初から何でもそろっているから、感激がない。どっちが幸せかっていう話です。

ほんとだわねぇ。

——本当に可哀想だと思います。

飢えてないから感動もないのね。まあ、飢えているのも可哀想なんだけどね。

——確かにそうですね。口を利かなかった子どもが、いつからよくしゃべるようになったんですか。

小学校を卒業して、女学校に通い始めてからですね。

——どちらに行かれたんですか。

私立の千代田女学園っていうの。女学校としては一、二を争うぐらいの古さだったんじゃないかな。

——しゃべるようになったきっかけがあったんですか。

そうですね。あのね、成績が良かったんですよ。中高一貫だから何百人かいるでしょ？　その中で、10段階で8・5以上だと「優等生」って言って、通信簿に判子を押されるんです。私が中学1年の時にね——私たちは7年生って呼んでました。最上級は12

年生――朝礼でね、校長先生が7年生から12年生までの全校生徒の中で「今回は2人優等生がいます」って言ってんのね。「へえ、2人いるんだ」って思っていたの。

――その一人が樹木さんだった。

そうなのよ。自分の教室に帰って、通信簿をもらってそのまま帰ろうとしたらね、先生が「ちょっと」って呼ぶの。「あなたね、通信簿に判子押してなかった?」って。「えっ? 分かりません」「見せてごらんなさい」「ほら、ここに押してあるじゃない」「え? これは全員押してあるんじゃないんですか」「違うわよ。さっき校長先生が言ってらした、全校で2人っていう、一人はあなたなのよ」「へええ」

それでね、先生がこう言ったの。「こういうものをいただくと、狭い人間になってしまいがちだから、少しゆとりを持って、いろんなものを見るような生徒にならなきゃいけませんよ」って。私は「はい」と答えたけど、その言葉がすごく記憶に残ったの。勉強が出来たから、だんだん周りが認めるようになったんじゃないかしら。

――いやぁ、面白いもんですね。

勉強が出来たと言ってもね、さしたることもないんですけど。昔はいい学校だったらしいですけど、私が行ったあたりから、おかしくなったんじゃないかと思って（笑）。その頃から私、普通に口を利くようになった。そしていつのまにかケンカっ早くて生意気な人間になっていたんですよ。黙っている間に、たっぷりためこんでいたのかもしれないわね。

――わはは。学校では勉強をガリガリやったんですか。

いや、あんまり勉強しなかったわね。先生の言葉を頭に入れていたからね。よく遊んでいました。でも、そんな外れた遊び方はしなかったですよ。少なくとも高校を出るまではね。

――好きな人とかいたりしたんですか。

だって、女学校だから。先生に憧れるとかっていうのはありましたけどねえ。

――大学に行こうとは思われなかったんですか。

薬科大学に行こうと思っていたのよ。

――え？　薬科大ですか？

そう。父親が「おまえのように生意気な子は、結婚してもすぐ別れるだろう」と言ってね。「食いっぱぐれのないように、資格があった方がいい。医者になるには金も時間もかかって大変だけど、薬剤師なら、お父さん、すぐ薬屋の1軒くらい出してやれるから」と。

――なるほど。アハハハハ。

親はよく見てるわねえ。その頃までは女優になる気なんか全くなかったわね。でもねえ、数Ⅱ、数Ⅲなんて全く分からなかったの。よく受験しようと思ったわねえ。だから薬科大を受けても落ちていたとは思うけど、私はある理由で大学を受験することが出来なくなったんです。

4　じゃあ、食いっぱぐれないように家賃収入で食えるようにしとこう。

父親に言われて薬科大学を受けようと決めてね、4校くらい願書を取り寄せてたの。でも、数学が訳分かんなくて「もうダメだな、こりゃ」と思って、2月の受験直前に、父親が夕張へ行くっていうのにくっついて行っちゃったわけね。

――受験する気がなくなっていたのですか。

違うの。「もうダメだろうなぁ」とか思っていたけど、「まあ一応、願書も取ったから、受けるしかないか」と考えていたのよ。でも、父親の琵琶の仲間が夕張で鉄道員をしていてね、そこに遊びに行くというから、付いていっちゃった。行かなくてもいいのにね、受験勉強から逃げ出したくて、行っちゃったの。

――お父さまは薩摩琵琶の奏者だったんですね。

そうそう。それでね、夕張の炭鉱の裏にボタ山があって、そこに雪がいっぱい積もってるんです。遊びに行った先の子どもたちがね、板に乗っかって、ズーッと滑って遊んでるのよ。それを真似してズーッと滑ったら、尻餅をついて、足の骨を折っちゃったの。父親もびっくりしちゃって、あわてて飛行機に乗って、東京に帰ってきたことがあるのね。

――ええ！　それは大変だ。

それから10日かそこらで受験でしょ？　しばらくは全く動けなかったわけ。松葉杖ついて動けるような状態ではなかった。ちょうどいい案配だからと言って、私、受験をやめちゃったの。だから卒業式も出られなかったわね。でね、受験をやめちゃったら、さあ、行く当てがないわけよ。同級生たちはみんなもうキラキラと輝いちゃってさ、新しい人生に踏み出そうとしている時に、私だけ、家から出られずに、チーンとしていなきゃならない。一人で取り残された感じでね。この時の疎外感っていうか、絶望感という

「自宅兼事務所に岸部一徳君（左）といる時に、加藤治子さん（右端）が山﨑努さんを連れて寄ってくれた。あわててパチリ」　写真提供：希林館

かは、いまだに忘れられないわね。親が大衆酒場やってて日銭が入ってたから、お小遣いがないとかそういうことはないんだけど、目標がないというのはあれね、本当につらいものね。

――しかし、そのおかげで俳優への道が見えてきたわけですね。

2カ月くらい外に出られなかったかな。その間、グズグズしてたわけよ。でも、人生の転換期にはちょうど必要な時間だったんじゃないかしら。足を折らなかったらもっとグズグズしてたでしょうね。

――役者への道はどんな形で現れたんですか。

どこか学校みたいなのはないかなあ、って探してたのよ。毎日通えるところをね。今はそういう学校いっぱいあるでしょう? 当時はまったくないのよ。せいぜい洋裁学校か料理学校か、そんなぐらい。それも今みたいにオシャレな学校じゃない。だから「そういうところに行くのはなんだかなぁ」って思ってた。そしたら、新聞の一番下のところに「新劇の3大劇団が、戦争で中断していた研究生募集を今年から再開する」という記事を見つけたの。

――劇団民藝と俳優座、文学座の3劇団ですね。

新聞の、ほんと下の下の方にね、小さく載ってた。「じゃあ、これ、どこでもいいから、ここへ行ってみよう」と思って。で、願書を取り寄せて、行ってみたの。民藝は青山、俳優座は六本木、文学座は信濃町にあってね。で、文学座の試験が一番早かったわけ。で、そこだけ行ってもう終わりにしちゃったの。

――じゃあ、民藝も俳優座も行かなかったんですか。

そう。行ってない。でも、まあ、私には文学座が一番合ってんじゃないかな。民藝に入ってたら旗を振ってたかもしれない。俳優座に入ったらどうしてたかなぁ。理屈っぽくなってたかもしれないわね。文学座だから、こんな人間でも容認してくれたんじゃないかなぁと思ってる。だから、夕張が原点なのよ。

――奇遇にも、先週、僕、ゆうばり国際ファンタスティック映画祭に行っていたんです。

あら、いいわね。あの映画祭には私は一度も呼ばれていないのよ。

――それは一度行かないと、ですね。

夕張が縁で役者になったのにね。今度、なんかで呼んでくれないかしら。

――来年、いかがですか。

いいわね。

――事務局に提案しておきましょう（笑）。話を戻しましょう。樹木さんは文学座附属演劇研究所の1期生ということになりますね。同期には橋爪功さんや小川眞由美さん、寺田農《みのり》さんらがいらした。

もう何年も何年も研究生を募集しなかったから、上は30代から下は私の年齢まで、ずうっと幅の広い応募者があったみたいですね。1000人ぐらいいたのかな。

――うわあ。

試験会場は文化服装学院の丸い校舎を借りてね。1次試験で200人くらいになった。その中に入っていたのね。それから200人を40人に絞ったわけ。その時は「この台本読んで」とか「動いてみて」とかっていうのをやりましたね。別に緊張はしなかった。それこそ一番年下だからね。ただ、きれいな女の人がいっぱいいた。橋爪さんなんかさあ、そんなきれいな女の人のそばに行ったことなんてなかったから、「香水の匂いでさ、フラフラしちゃうよ」って言ってた。男もね、ハンサムなのがいっぱいでね。「いやぁ、ちょっとすごいところへ来ちゃった。これは落ちるな」と思っていました。

——美形だから合格するわけじゃないですよね。

あの頃の女優っていうのはね、美形じゃなきゃ女優じゃないのよ。ただ、新劇は不細工でもいい、っていう風評があった（笑）。でなかったら受けていない。私ね、器量に関してどんなこと言われても「あ、さいですか」ってな感じで全然平気なのよ。自分では普通だと思ってますけどね。でもそんなに厚かましくないのでね、女優として通用する器量じゃないことは分かってました。さすがに私も、映画会社のニューフェイス募集には行かなかったわよ（笑）。

——演技の勉強されていたわけでもないのに合格されたのはやっぱりすごいことです。

よく入れたと思うわね。文学座に入ってからね、長岡輝子さんだったかな、なにかの時に「あんたはね、耳がいいから入ったのよ」って言ってました。人のセリフをよく聞いてるんだって。「自分のセリフだけ覚えて言うんじゃなくて、人のセリフを聞いてる」って、「耳がいい」って言われたの。

——ご自身は自覚されていたんですか。

いや、その時は分かんなかった。今となってみれば、ああそう、なるほどねって思います。口を利かなかった小学生時代、周りをよく見て、よく聞いていたのが生きたんだね。

——そんなところを見てらっしゃる方がいたんですね。

あのねぇ、こんなこと、大きい声では言えないけどねぇ、どんなヘボな役者でも、長いこと役者やってると、「この若者はものになる、ならない」っていうのは見分けられる。もちろん長岡さんは名優でしたよ。でも、たとえ自分自身はヘボ役者でも、他人の才能は見分けられるようになるのよ。

——なるほど。そういうものですか。

そう。これはいける、とかね、才能があるぞ、っていうのは見分けられるのよ。

——じゃあ、樹木さんも今、若い役者を見れば。

若いのは見分けるわね。

——うわあ、怖い怖い。とても怖いです。

この人、将来的にはダメだけど、4~5年は持つかな、とかね。

――怖すぎます（笑）。何でしょうね、それって。

みんなそうなんじゃないですか。人のことは分かるんですよ。

――「モリのいる場所」で共演された吹越満さんが言ってらっしゃいます。「樹木さんとの共演シーンがあると知って、お尻の穴がキュッとなりました」って。

キュッとなるって？　ハハハハハハッ。

――こりゃうまいこと言うな、と思いました（笑）。

フフフッ。何しろうれしいよね。

――樹木さんを知る方々が樹木さんの話をする時って、皆さん、たいていとても面白い表現をなさるんですよ。

そうなの？

――小林薫さんがおっしゃってたのは……

何て言ってました？

――こういう立ち位置にいる女優さんが今、いない。今っていうか、昔もかもしれないけど。自分しかない道を歩いているのがすごい。そんなことを。

そうなの？

——誰もここに行こうとしないところを歩いていらっしゃるから、こんなに強いことはない、って。

へぇ。でも、そうかもねぇ。それを私は孤独だと思わないのよ。

——あ、なるほど。

どうしてかっていうと、私はお芝居のために生きてるわけじゃなくって、生活はまあ、家賃収入があれば大丈夫かなと思ってるの。不動産が好きで、結構持ってるからね。私はケンカっ早いから、絶対どこかで仕事を干されて食いっぱぐれる、と。「じゃあ、食いっぱぐれないように家賃収入で食えるようにしとこう」っていうのは、自分の頭の中であったわけね。うちの親が「薬剤師になるなら、店の1軒ぐらい出してやるよ」って言ったのと同じね。用心に用心を重ねてるわけ。

——ふむふむ（笑）。小林さんがおっしゃるのを聞くと、確かに今、樹木さんが演じていらっしゃるような役は、他の誰が演じられるんだろうと思いますね。

それはみんな演じられますよ。

――そうですかねぇ。

うん。

――でも、それ、かなり違うものになるような気がするんですけど。

どうかなぁ。それは私には何とも言えないけど。

――そのことがとってもよく分かったし、今の樹木さんのお話を聞いていて、あっ、そういうことだったのか、と腑に落ちます。

5　ああ私って、口が悪くてケンカっ早いんだなと気づいたの。

——樹木さんが入られた頃の文学座はどんな空気だったんですか。

福田恆存《つねあり》がいて、三島由紀夫がいて、矢代静一がいて、演出家の松浦竹夫、仏文学の安堂信也……。それはもう錚々《そうそう》たる講師陣でしたね。俳優には芥川比呂志さんや杉村春子さん、岸田今日子さんらがずらーっといらした。しかも、谷川俊太郎さんだとか、気鋭の文化人が大勢出入りしていてね。私は1961年に入ったんだけど、その年に文学座創立25年のパーティーがあって、その時に「すごい。これが芸能界だ」って思ったわ。

——華やかな芸能界で負けないように頑張らなきゃ、という気持ちになりましたか。

ならないわよ。私は、役が欲しいとかそういうのは全然ないの。いい男や、いい女がいっぱいいる中で、私が一番年下でね、当然、誰も目に留めてくれないわよ。それなのに、生意気だったわね。今まで学芸会くらいしか出たことがなかったのに、「芝居なんか面白くない」と思ってましたから。

――そりゃ生意気だ（笑）。

訳が分からなかったのよ。先輩の芝居を見ても、あんまりいいと思わなかった。杉村さんが小津安二郎監督に同じ芝居を何度もやらされた話をさっきしましたけど、演出家がダメ出ししても、どこがいけないのかがさっぱり分からなかったわね。

――新劇の劇団には、俳優仲間で演技論なんかを闘わすというイメージがあります。

一番ペーペーだった時からね、会議なんかにも出るのよ。みんなが集まるでしょ。そうすると、しばしば議論になるんだけど、言ってることがね、すごく、他愛ないのよ。全然立派なもんじゃないの。すぐ感情的になったりしてんのよ。ああ、みんな、イデオロギーがどうだとか何だとかって、「我々が目指すべき演劇は……」なんて言ってる割には「あんた、若いのに生意気よ！」みたいな話になっちゃうのよ。

——わはは。それは人間的で面白いです。

そうそう。すぐに「お前は気に入らない」とか言っちゃうの。それって劇団だけじゃないでしょ。それこそ昔も今も、どこの世界でも一緒だと思うのよ。

——そうですよね。小難しい理屈をつけていても、単純な好き嫌い、やっかみだったりね。

「嫌だなあ、あいつ」とか、感情的ないがみ合いになるのよ。そんな会議に出たりしているうちに、ああ私って、口が悪くてケンカっ早いんだなと気づいたの。あの時は、まさかこんな60年近く役者やってるとは思わなかったんですけど、当時はね、役者になりたくて入ったんじゃないから、「ずっと芝居を続けるつもりなんかないわよ」という態度だったのね。杉村春子さんにも盾突いていましたからね。

——杉村さんにまで！　なぜ盾突いたんですか？

あのねぇ、中堅の劇団員がごっそりやめてね、古い人と研究生しかいなくなっちゃったことがあったわけね。その時、しょうがないから、劇作家の飯沢匡《ただす》さんに、全員が出られるような芝居を書いてもらったの。杉村さんがメインでやった舞台なんだけど、タイトルを忘れちゃった。とにかくその舞台には、私も含め、若い研究生がみんな出たわ

森繁久彌さん（左）、演出家の深町幸男さんと。「なんと偉そうに、森繁さんを褒めているところです」　写真提供：希林館

け。私以外にも生意気なのがいてね、「いやぁ、こういう演出だと、ちょっと気持ちが持って行けないな」とかって文句ばかり言うのよ。そしたら杉村さんが「あんたたち、生意気よ。まずは先生がおっしゃることをやってみなさい」と叱ったの。みんなでさ「どうもすみません」って感じになったのね。

——あれっ？　盾突いたのは樹木さんじゃないんですか。

私のはまだなのよ。もうちょっと聞きなさい。杉村さんの役はお金持ちの奥さまで、私たちは彼女の遺産を目当てに集まってくる人たちだったのね。その奥さまが、何かうれしいことがあって「♪あーる晴れた日にー」なんて歌いながら階段を下りてくるシーンがあったわけ。私たちは全員舞台を下りていて、杉村さん一人なんだけど、歌いながら階段を下りてくると、乳母車が1台残っちゃってたのよ。演出家が「誰か、この乳母車を押して、舞台を下りられる役はいないか」と私たちに聞いたのね。すると「僕は何だ」「私はどうだ」とか言って、みんな断ったの。

そこで私が「杉村さんが押していけばいいじゃない」って言ったの。すると杉村さんが「何で主人である私が乳母車を押さなきゃなんないんですか」って。だから私は「普段よりも明るいんだから、普段は女中がやるようなことをやって、バーッて乳母車を押していったらいいじゃないですか」と言い返したの。今でも私はその方がいいと思っているけどね。そうしたら「あなた、10年早いわよ」って怒られました。

――いやあ、さすが樹木さんですね。それは誰も言えないです。

今にして思えば、ほんとに10年も20年も早かったわよ。最初はずうっと黙ってたんだけどね。しゃべりだしたら、もうあふれるように指摘するわ指摘するわ。何でも思ってることが口に出ちゃうんだね。

――思ったことは全部……

言っちゃうの。子どもの頃は思ってても黙ってたんだね、きっと。そうそう。アトリエ公演があってね。3人芝居なんだけど、高橋幸治さんと村松英子さんが出て、一人足りないから私が参加したわけよ。舞台に長ーいテーブルが置いてあって、こちら側に高橋さんが座り、あちら側に村松さんが座っててね。真ん中に私が座って、すぐ死んじゃうおバアさんの役だったの。

――そんな若い頃からおバアさんだったんですね！

うん。18か19だったわね。車椅子のおバアさん。でも、それが、小道具なんかも、そこらにあるものでやるからさ、かつらも合ってないのよ。黒い地毛の上に、かつらがいかにも載っかってます、って感じになってる。黒い地毛が見えているところはドーランで色を塗ったわね。

――「寺内貫太郎一家」や「気まぐれ天使」のおバアさんをほうふつとさせます。

そうね。もうおバアさんやってたわね。それでね、高橋さんはNHKの大河ドラマの「太閤記」で織田信長をやって一世を風靡《ふうび》する前のことだけどね。彼のセリフが忘れもしないんだけど、「どうです、母さん。僕たち最初のクリスマス・ディナーってやつは？　えっ？」というものだったの。このセリフを高橋さんが新潟なまりでしゃべるのよ。顔は二枚目なんだけど、全然外国人っぽくないわけ。特に「えっ？」が、「えっ」と「いっ」の中間みたいな、なまった発音で、しかも、やたら力が入っちゃう。演出家が「高橋君、『えっ？』っていうのは付け足しだから、そんな気張らないで、さりげなく」って指示するんだけど、「そうっすね。わかってんですけど」と、何度やってもダメなの。演出家も「はいはい、それで結構です」と。

で、私が「皆さん、さようなら」って言うんだけどね。私はおバアさんだからって、しわがれ声で言うことはないと思ったの。私の母親はお店をやっていたから、お手伝いのおバアさんが私たち子どもの面倒をみるために何人も来てたのね。なかには甲高い変わった声を出す人がいたのよ。だから私も甲高い声でね、「皆さん、さようなら」って、車椅子で引っ込んでいったの。そうしたら演出家から「あの子が一番うまい」って言われるわよね。そういう舞台が私の演技の初っぱなだったのよ。

――そんなこんなで生意気になっていたわけですね（笑）。

そうそう。だからね、テレビに出て森繁久彌さんと共演した時もね、最初から名優の演技に、衝撃を受けたとかいうわけじゃなかったのよ。「ああ、面白いなあ」とは感じていましたけどね。

――「七人の孫」が最初の共演でしたね。森繁さん演じる明治生まれの祖父を中心にしたホームドラマ。1964年の1月から7月まで放送されて、続編も作られたんですね。樹木さんはお手伝いさんの役でしたね。

ええ、そうです。私は途中から出演したんですよ。「お手伝いさんがいないと不便だから、誰か来てよ」っていう感じで呼ばれたの。自分から出たいと望んで出たわけでもないし、向こうから請われて出たわけでもない。それを別に嫌だとも何とも感じなかった。自分が請われているなんて思うことは、それこそ恥ずかしいわ。だから、若い頃からテレビでもCMでも何でもやろうと思っていたの。役者っていうのはね、舞台が一流、映画が二流、テレビがまあ三流ね、CMやるなんていう役者はもう四流なの。そう言われていた頃から、何でも引き受けていたの。20代から家のローンを組んでたから。

――駆け出しの役者は貧乏なんだと思っていました(笑)。

ローンがこれでずいぶん返せるよなと思ったら、どんな仕事でも「はい、やります」。親が不動産好きだったからね、いわゆる「家道楽」っての? だから私もこうなったの。

――森繁さんのすごさが分かったのはどうしてだったんですか。

毎日、森繁さんと顔を合わせているとね、あの人の人間を見る目がすごいのよ。それがだんだん分かってきた。結局ね、「七人の孫」で森繁さんに出会わなかったら、今の私はなかったでしょうね。

6　別に脱がなくてもよかったのにさ、「私、脱ぐよ」って言ったの。

私ね、テレビでもCMでもね、ほんとにぞんざいに役をやりましたもの。最近、中村敦夫さんにペンクラブの用事で会った時にね、こんなことを言われたんですよ。「あんたはほんとに変わった役者だったねえ」って。そして、「よく分からないよ、あんたのことは」って言われた。

——面白いですねえ。中村さんとはいつお仕事されたんですか。

テレビの「木枯し紋次郎」の時だって言うのよ。私がワンシーンだけ出てきたんだって。市川崑さんのドラマよ。「市川さんが呼ぶんだから、この人には何かあるんだろう」と思った、と言うわけ。その頃、私はもうテレビに出ていて、バンバン何でもやってたのね。だから自分としては、ワンシーンでも何でもかんでも「はい、やります」って出てた。

——60年代から70年代にかけて、テレビや映画で本当によく見ましたよ。この人、身体がいくつあるんだろう、っていうくらい。

そうよねえ。だけどね、面白いことにね、出番って多くても少なくても、ギャラは一緒なのよ。

——えっ？　そうなんですか。

主演クラスになると、そりゃ違うでしょうけどね。私くらいの役者だと、もうまったく一緒なんです。だから出番は少ない方がむしろ効率がいいのよ。

——なるほど〜。知りませんでした。

だからね、「紋次郎」の時もね、そんなワンシーンだけだったけど、京都まで平気で出かけていったわけよ。でもさ、そんなわけで、ぞんざいに仕事してるから、私の方はどんなシーンだったかなんて、すっかり忘れてた。「私、どんなシーンに出てたの？」

1980年代、坂東玉三郎さんと。その後、玉三郎さんが監督を務めた映画「夢の女」（1993年）に出演した　写真提供：希林館

って聞いたのよ、敦夫さんに。

——どんなシーンでした？

そしたらね、紋次郎が旅籠《はたご》に泊まるシーンなんだって。私は旅籠の飯盛り女だった、と。で、紋次郎に飯を「はいはい」っつって盛ってあげるんだけど、飯を盛りながら私があくびをしたんだって。それで、変わった芝居する人だ、と思ったそうなのよ。

——いやあ、それは変わっていますよ（笑）。どうしてあくびをしたんでしょうね。

いま敦夫さんに言われてみれば、それは正しいなと思ったのよ。木枯し紋次郎って、白塗りの二枚目なわけじゃないでしょう？　野宿なんかも平気だろうし、きっと汚い男だったと思うの。そんな男が相手だから別にね、女の方もさ、飯を盛りながらあくびすることだってあるだろうと思わない？

——なるほど、それは言えてる。

それを聞いて、我ながらね、「そんなことやってたんだ。うまかったわねぇ」と思ったわけ。でも、そういう自慢みたいなことを平気で他人に言っちゃうからね、みんなに呆れられるんだけど、やっぱり、それって、うまいなぁと思うでしょ。

――まさにそうですよ。

でも覚えてないの、全然。

――わはは。説明されてもまだ思い出さなかったんですか。

うん（笑）。でも、敦夫さんは「ずいぶん変わった役者だなぁ」と思って見てたらしくて、それを今でも覚えてくれているのよ。

――じゃあ、あくびはその脚本に書いてあるわけでも……

もちろん、書いてないでしょ。

――市川監督の指示でもないわけですよね。

うん。そうよね。こういうことをやってたんだねえ、とちょっと感心したの。それがきっと、いろんなところで現在につながってるんだなぁと思ったわね。

――樹木さんの演技の秘訣が垣間見えたようですね。しかし、そういうことって、どうやって学ばれたんですかね？

やっぱり森繁さんだわね。

――あっ、なるほど。

森繁さんを見てて。

——確かに。

あの人の人間を見る目っていうのは、本当にすごいもの。毎日、撮影現場で会うでしょ。そうしたら「昨日、こんなことがあった」とか「あんなことがあった」っていうのを、いろいろ話してくれるのよ。それが面白くてね。森繁さんは周りの人がやっていることを、じーっと見たり聞いたりしてるわけ。それでさ、その人の哀しみの中におかしさみたいのを見つけるのね。「昨日の帰りにねぇ、あーたねぇ、私の乗ってた自動車が自転車の男とぶつかっちゃったのよ」と。

——おやまあ！

「私は運転してなかったけどね。私はパッと降りてさ、『おい、大丈夫か？ 怪我はないか』って聞いたらね、自転車の男がね、年配のおじさんだったんだけど、身体もあちこちぶつけて、きっと痛かったりしたんだろうけど、自転車をさすりながら『昨日買ったばっかりなのに……』って言ったのよ」と。

——おじさんの最初の言葉が自転車の心配だった（笑）。

森繁さんは「ああ、そうか。悪かったねぇ」って言ってね、弁償したりしたんだと思うけど、「あーたねぇ、こっちは青くなって『怪我はないか』と聞いてるのに、自転車をさすって『昨日買ったばっかり』っていうのが先なんだから」。そういうのをスッと見て、そこにおかしみを見つけて、翌日にはみんなに語って聞かせる。面白いなぁと思って。もう一事が万事、人間を実によく見てるの。それでほら、そういうのが好きでねえ、私自身もさ。

——お父さまも、そういう話がお好きなんでしたよね。

うん。やっぱり私は、森繁さんの観察眼と父親の姿を見て、面白いってことはどういうことかっていうのを教わったんだと思うわね。

——沢田研二さんの初の本格主演映画「炎の肖像」（1974年）に出演されていますね。

私は何をやってたの？

——沢田さんが立ち寄るドライブインの食堂のおばさんです。

うーん。出たことすら覚えてないわね。

——そうですかあ。では、澤田幸弘監督の「あばよダチ公」（1974年）っていう映画はどうでしょうか。

ああ、あれは覚えてる。

——良かったあ（笑）。

どうしてかっていうとね、松田優作君が主演していたからなのよ。文学座の後輩だったから。彼がね、ショーケンと全くおんなじ芝居をしてたのよ。

——萩原健一さんですね。「太陽にほえろ！」では、ショーケンが演じたマカロニ刑事が死んだ後に、ジーパン刑事を演じて、すごい人気になっていました。

真似の演技じゃダメなんだって思ったのね、優作君が出てきた時に。まったくショーケンだったからね。「ああ、ダメだよ。人の真似してちゃあダメだよ」と思って、彼のことを気にしてたの。ちょっと心配して見てたの。あの映画は、だからよく覚えてる。

——マカロニの人気を受け継ぐ形だったから、ショーケン的な演技が期待されていたのかもしれません。

うんうん。優作君本人もね、よーく似てたのよ、物言いとかがショーケンに。

——「あばよダチ公」はとても面白い映画でしたね。ムショ帰りの若者が家出娘の故郷を牛耳る巨悪にケンカを仕掛ける。ちょっとコメディータッチのアクション映画でした。樹木さんは優作さんのお姉さん役でしたね。

そうなの。それでね、弟の優作君が帰ってきている目の前で、私が着替えるっていう場面があったのよ。別に脱がなくてもよかったのにさ、「私、脱ぐよ」って言ったの。要するに、弟の前でも平気で着替える姉というのを出したかったわけ。この若者はそういうがさつな家庭で育っている。そう思ったから「着替えるよ」って言ったんだけど、そうしたら、誰も止めもしないけど、誰も指示もしない。ただ私が勝手に着替えてる。やっぱり変わってるわよね。いやあ、変わってるな、いま考えてみると。「脱いでくれますか」と言われてもいないのにさ。まあ、脱ぐってほどでもないんだけどさ。

——でも、後ろ向きだけど、全部脱いじゃってましたからね。

脱いで着替えてるわけだからね。そういうことを全然気にしない。それでわざと弟の前をパンツ一丁でまたいで歩くとかっていうのやってんだけど、それはそのためにやってるわけよ。そういうね、がさつな家で育った弟っていうのを表現したいためにやってたんだけど、あんまり誰も理解してくれなかったわね(笑)。「なんか勝手に脱いでるヤツがいるよ」ってな感じだった。

――えーっ？　映画見ると、お姉さんの着替えが最初にあるから、そのがさつな感じがとっても作品全体の空気を生んでいましたよね。

そうですか。私は見てはいないのよ。そんなチョイ役の映画なんかはイチイチ見てないの。

――なるほど（笑）。自分がどう映ってるのか、っていうのは気にならないんですか。

そんなの全然ね。もし気にしていたら、そんなところで「脱ぐわ」なんて言わないと思うよ。

――はあ、なるほど。いやあ、結構びっくりしましたよ。結構ガバッと脱いでるんだもん（笑）。

そうなのよ。

――最近で言えば、是枝裕和監督の「万引き家族」（２０１８年）でも大胆に脱いでいました（笑）。これもご自分から脱がれたとか、うかがいました。

あれは、脱いだっていってもさ、下にいっぱい着てて、スカートを脱ぐだけだから、あんなものは脱いだうちに入んないわね。

――でも、そういうズバッといく精神みたいな共通性を感じます。こういう人なら、どういうことをするだろうかっていう……。

そうそうそう。この人物はどうやってこんなふうになったのかな、この人物はこんな環境にいたんじゃないかなとかって、私はいつも考えるんだけどね。

――それは若い頃から変わらないんですね。

そうだったわね。ずっとね。それはね、取りも直さず森繁さんの影響なんだなぁ。

――ああ、そうですね。

文学座の舞台だけだったらば、そうは考えなかったかもしれない。

――なるほど。でもね、森繁さんと共演してる人なんて、それこそものすごくたくさんいるけど、樹木さんのような受け継ぎ方をしている人はそんなに多くないと思うんです。

どうでしょうかね。ひょっとすると、そうかもしれないわね。森繁さんと一緒に出た「七人の孫」はホームドラマじゃない？　面白いホームドラマって、日常の何でもないことを積み重ねていくのよ。森繁さんは普段から人間を観察して芝居に生かしてる。いろんな人を見てるとね、いろいろと意外な動きをするじゃない？

——ええ、そうですね。

観察していたものをね、自分の肉体を通して表現するのが面白くなってきちゃったのね。森繁さんがそういう芝居をするから、私もね、「じゃあこんな芝居で返そう」となるでしょ。すると、森繁さんが「ちょっと、あーた、それ、やりましょう」と乗ってくれる。森繁さんとの掛け合いが人気になって、出演シーンがどんどん増えていったの。

——樹木さん自身も森繁さんが意外な芝居をされた時に反応するわけですね。

うん。もう毎日毎日がそんな感じだった。感じるままに芝居をしていったように思うわね。

——段取り通りの動きなんかはしないぞ、と？

もちろん段取り通りもやるんだけどね。意外な芝居をすると、森繁さんはすごく面白がってくれた。それで「あの子、あの子」って可愛がってくれたのよ。それでね、TBSが「七人の孫」の続編をやろうとなった時に、森繁さんは「あの子が出るのが条件です。あの子が出ないとやりません」と言ったらしいの。最初はそれこそ、誰でもいい感じで私が呼ばれたのに、だんだん出番が増えちゃってね。

――ギャラは一緒なのに（笑）。

そうなのよ。後半になると、私、くたびれちゃってたわけよ。だってね、森繁さんとの芝居だけじゃなくて、他のシーンでもちょいちょい出てくるようになっててさ。そうすると、当時はもう、夜中までぶっ通しで撮ってたから、帰るのがいつも明け方になってたの。もううんざりしてたのよ。それで、続編の話が来た時に「もう嫌だ、出ません」って言っちゃったの。

――それは大変だ（笑）。続編が作れなくなる。

そうしたらさ、ＴＢＳの局長が菓子折りを持って文学座に飛んで来たわけよ。「どうかあの子を続編にも出して下さい。お願いします」とね。でも私は「嫌だ」と。そうしたら文学座のマネジャーが困っちゃって「あんなに丁寧に頭を下げておられるのに、あなたはどうしてそんなに嫌がるの？」と聞くの。だから私は「割が合わないからよ」って。

――ギャラの値上げ交渉ですね。

その頃から「割が合わない」「どう合わないの?」っていうのをやってたわね。「七人の孫」のギャラは1本5000円だったの。でも1割は税金に取られて、3割は文学座に持っていかれるの。だから私がもらえるのは3000円。1カ月が4週として、月に1万2000円だったわけね。うーん、サラリーマンよりは少し高いけど、労働時間がすごかったからね。

——時給に換算すると、安すぎて割に合わないじゃないか、と。

そうなの。女学校を出て、大学に行かないで、すぐ文学座へ入ったのは、まあ、自分で選んだ道ではあるんだけどね。でもね、そうやって渋っているとね、TBSの局長の方から「分かりました。あなたのギャラを100%アップします」と言ってきたのよ。

——ええっ? いきなり2倍ですか。すごい!

「ああ、そうですか」って聞いてると、文学座のマネジャーが「あなたねえ、森繁さんでさえ50%アップなのよ。あなたは100%アップにしてくれると向こうがおっしゃってるんだから、絶対出なさいよ」って言うの。私もさすがに「分かりました。じゃあ出ます」と答えたわ。

――「七人の孫」の続編でギャラが１００％アップ。森繁さんが50％アップなんだから、これはもう粘ったかいがありましたね。

とんでもない。これにはからくりがあったのよ。私、もう頭が悪いからさ、すぐそれに乗っかっちゃったんだけどさ。私は前作のギャラが1本5000円だったでしょ。ところが、後で聞いたらさ、森繁さんは1本80万円だったのよ。向こうは50％増で120万円になったの。私は100％増で1万円。それがわかった時の落ち込みようったらなかったわねえ。

――なるほど、樹木さん、女学校の時、数学が苦手でしたね(笑)。

本当にそうよねえ。こういうギャラのことは、今でも細かい数字まではっきりと覚えてるの。自分の出た作品のことは全部忘れちゃうんだけどね(笑)。森繁さんのアップの額を聞いた時のことは、その場の空気感まで覚えてるものね。マネジャーが言った時の顔の表情までね。自分の頭の中で計算して「うーん、森繁よりもすごいんだ」とか思って、喜んで決めちゃった愚かさ……。

――1960年代半ばの120万円といったら、すごい金額ですよねえ。

いかに森繁さんの値打ちがすごかったかっていう証《あか》しよね。お金に換算すると、よく分かるでしょう？　当時は、映画のスター俳優をテレビドラマにお迎えするのがいかに大変なことだったか。天皇においでいただくようなものだったのよ。

——これが森繁さんの最初のテレビドラマ出演ですか。

連続ドラマの主役は初めてだったんじゃないかな。「七人の孫」の時は、久世さんと向田《むこうだ》邦子さんと私がぺーぺーだったわね。「時間ですよ」では、メインキャストがTBSの王道を行っていたからね、久世さんが銭湯の従業員の3人として、私と川口晶と堺正章と3人を選んだわけなの。

——樹木さん、久世さん、向田さんの3人が1970年代のホームドラマの先頭走者でしたね。

毎回ね、久世さんが台本で「ここがCMな」って私たち3人に指示を出すのよ。「CMの前に、3人でCM明けまで引っ張ってもらうからな」って。次のCMの前も私たち、次もその次もって、ドラマの進行と関係なく私たちのシーンを付けるわけよ。

その時にね、メインの芝居がどうなっているかをきっちり読んでいないといけないの

「時間ですよ」では銭湯の従業員、浜子を演じた。堺正章さん（下）、浅田美代子さん（右）とのトリオが笑わせた　写真提供：TBS

よ。前後の脈絡を見ないで、唐突に出てきちゃうと、メインの芝居が壊れちゃうからね。「買い物帰りのその後の感じで出てくる」とかって、状況をいろいろと考えるわけよ。だから、ホン（脚本）を自然と読み込んでいくようになってるの。もともと新劇はホンを読むっていうところから始まるのね。ホンを読むっていうのは、読んで意味を理解して、自分の立ち位置はどこに置いたらいいかということなのよ。ただ「その時私はこうしました」っていうホンの読み方は誰にでも出来るけど、その役の意味をそこでこう持ってくる。文学座ではそういうことは教わってるから。ただ唐突に出ていくんじゃなくてさ。で、ここでシューッと始まって、ゴショゴショッとやって、っていってＣＭにポーンといくっていう。そういうの、久世さんとマチャアキ君と晶ちゃんでやってたの。晶ちゃんが結婚していなくなっちゃったんで、あとは美代子ちゃんね。

——浅田さんもよかったですね。演技なのか素なのか、よく分かりませんでしたけど、とても面白いなぁと思って。

そうそう、そうなの。で、その時に、芝居にウソがないか、気持ちの上で無理がないかとかね、そういうのをちゃんと考えながら作っていく。で、堺正章っていうのは音楽から来てるから、すごく新鮮な反応するわけよ。それと私とね。それから、よく芝居が分かんないけど「気持ちでやるんだよ」っていう美代子ちゃんね。久世さんがよく言ってた。「転ぶ時も本当に転ばなきゃダメだ」って。「そんな上手になんか転ばなくていい。本当に痛いんだから、痛く転べ」って。「階段から落ちろ」とかって言うのよ。みんな真剣にやっていたわね。その真剣なおかしさみたいなものがあった。

——いま振り返ると、久世さんの笑いのセンスは抜群でしたね。

久世さんはね、ギャグも全部気持ち優先なのよ。例えば、私と堺正章と浅田美代子が3人で残りのご飯をザーッと食べてるシーンがあるわね。私が「ねえ、おかわりちょうだい」って言うと、美代子が「はい」っつって、ご飯をよそうでしょ。それで、ご飯だけをポンと投げて、私が茶碗で受け取るの。そういうギャグがあってね。堺正章がね、すごく上手なのよ、投げんのがさ。

久世さんはね、こう言うの。「さあ投げるぞ、っていう感じで投げちゃいけない」って。受け取る方もそうなの。何か別のことをしながら、例えば新聞を読みながらとかね、さりげなくポンと受け取って、「ちょっと少ないわよ」ってポンって投げ返す。それを受けた美代子が「何だあ、もう。じゃあ、これでいい?」ってポーンと投げる。何かをやりながら「あっ」っつって、この何かしながら日常の中でやるという。これ、ギャグを今からやりますっていうんじゃない感じっていうのが久世さんにとっては大事なのね。しかもそれを引きの映像で撮るの。

——ええ? つまり、投げる方も受け取る方も、一つの画面で捉えるということですね。それは大変だ。

そう。そのやりとりを、カットを割らないで撮る。投げてから受け取るまでを一つの映像に収めるの。投げた。はいカット。受け取った。はいカット。っていうんだったら、簡単よね。あさっての方向に投げてもOKだし、受ける方も、すぐ近くから投げてもらえばいいわけだから。

——ひえ〜〜。それはもうプロの寄席芸人さんの域ですね。

7　格好はバアさんなんだけど、気持ちは絶対に欲が深い。

——1974年開始のドラマ「寺内貫太郎一家」で、31歳の樹木さんは貫太郎（小林亜星）の母、きんを演じています。実年齢より40歳上の役だったんですね。

髪を脱色してね、声色を変えて、形はバアさんっぽくしたの。でもね、バアさんはバアさんなんだけど、バアさんを演じてるって気持ちは自分の中にないのよ。31歳当時の私、そのまんまで演じてる。扮装はああいうふうだけどね、だから、シワなんかもあんまり描いてないの。シミだけ付けてちょっと白髪にして、背中になんか入れて、っていうね。格好はバアさんなんだけど、気持ちは絶対に欲が深いし、きれいな人を見るとウルルッとするし。その時の自分の気持ちにはなるべくウソがないように演じるということはやってるんです。

——つまり、髪は、かつらじゃないってことですか。

うん。かつらにすると、ウソになっちゃうから。だって私はバアさんじゃなかったわけでしょ。でも周りの役者は全員さ、本人に近い年齢なんだから、本物でしょう？　私だけが全部がウソなんだもん。それで有無を言わせずに、見せちゃおうと言うんだから、本当に強引よねえ（笑）。でね、自分だけがインチキやってるわけだから、せめて髪だけは本物を使おうと思ったの。

——確かに。じゃあ、樹木さんが今、きんを演じると、どうなるんでしょう。

そうね。まず、あんなに素早くは動けないわね。そこははっきりと違う。バアさん役なら動かなくていいから楽だろうと思って、自分でやるって決めたんだけど、全然違ってたわね。毎回、激しいアクションがあったのよ。

——あの扮装でのアクションの速さが、ほんとにまあ面白い。年配の俳優がやったら、えらいことになります（笑）。

「寺内貫太郎一家」のきんバアさん。左は主演の小林亜星、右は伴淳三郎
写真提供：TBS

例えばね、一家が暮らしている母屋と、私が寝起きしている離れがあって、そこは跳ね橋でつながっていたでしょ。いつも私が渡った後は、橋を上げちゃうわけよ。私の部屋に誰も入ってこられないようにね。でね、自分が渡る時は下ろすわけだけど、ある時、橋が下りてるとばっかり思って駆け出していったら、橋がなくて、私がポンと落ちちゃうというシーンがあったのね。その時に久世さんが言うには「すぐに落ちないで。しばらく空中で泳いでから落ちてくれ」って。

――ハハハハッ。橋がないことに気づかないで、しばらく歩いちゃうギャグですね。

漫画でよくあるでしょ。ビャーッて駆け出して、「しばらく浮いて、泳いでくれ」って言うの。

――むちゃくちゃですね（笑）。

そう。むちゃくちゃ。でもね、そういう気持ちで臨むのと、漫然と駆け出して、ただストンと落ちるのとでは、おかしさが全然違うのよ。

――なるほどねえ。駆け出した瞬間、その人は、橋が上がっていることに気づいていないんですからね。しかし、役者も気づいていちゃいけないんだ。

うん。久世さんはそこまで追求していたわね。

——ああ、分かるなぁ。

だから、ギャグっていうのは、やっぱりそこに本当の気持ちがなきゃいけないの。リアリティーがないといけない。私の孫を演じてた西城秀樹君なんか、腕を骨折しちゃったことがあったわね。あそこまでやるんだからねぇ。

——「寺内貫太郎一家」は、小林亜星さんと西城さんとのケンカのシーンが売り物になっていました。それこそドリフのコントのように障子が外れたり、家の中がメチャクチャになっていました。

秀樹君が骨折したもんだから、そこでカットしてね。でも、次のカットではね、腕にギプスを巻かれて、首から吊ってんのよ。おんなじシーンなのにね（笑）。亜星さんにバーンと投げられて、「ウウッ」って這い上がってきたと思ったら、次の瞬間にはもうギプス（笑）。

——ほとんど漫画ですよね。漫画の世界ではよく起こることですけど（笑）。

劇画っていうものが、あの頃からワアッと出てきたけれど、ドラマも頑張っていたわね。時代を駆け抜けていたんだなって感じが、いま思い出すと、ありましたね。

――なるほどねぇ。ほんとにみんな見てましたからね。

そうでしたねぇ。放送の翌日に電車に乗ると、学生たちが「きのうのあのところさ」って興奮してしゃべってんのを聞いたっていう話を、スタッフからよく聞いたわ。

――当時はそうでしたよ。翌日、学校に行って話すんですよ。

そうよねぇ。で、真似してみる。

――そうそう。今は録画視聴になっちゃって、人によって見る時間がバラバラだから、ちょっと寂しいですけどね。真似をするといえば、何と言っても「ジュリー～～！」ですよね。きんバアちゃんが沢田研二のポスターの前で身もだえする。毎回、必ず一度はやるお約束でした。

あの「ジュリー～～」って言うのもね、ただ「ジュリー～～」ってやってるだけじゃないのよ。ポスターのジュリーが、バアさんの話し相手みたいな感じでね、うれしい時とか、悲しい時とかね、感情によって使い分けているのよ。「今日はまだ朝から1回もやってないから、おざなりにやっとこう」とか、そういうふうにね。

――そうそう。違うんですよね。続けて何話か見ると分かるんですよ。

そうなの。使い分けてる。でも、「ジュリー〜〜」って、あれだけを取り出して見ても、ちっとも面白くないのよ。前後の文脈の中で見るから「ああ、なるほど！」となって笑えるのよ。

――確かにそうなんです。しばらくの間、ポスターをじいっと見つめてから、「ジュリー〜〜」ってやるじゃないですか。あのタメの取り方がいつも素晴らしくてねえ。

あれはね、久世さんが「ただ身もだえるんじゃないんだ、徐々にこみ上げてくる、そこんところをやってくれ」と言うので、「はい、分かりました」と(笑)。

――あれは台本に書いてあるんですか。

ないの。ここらへんで入れようかって、現場で決めているの。台本には書いてないんですよ。

――久世さんが後年、「寺内貫太郎一家」ＤＶＤの発売記念イベントでおっしゃってたのは、「映画はどうか知らないけど、テレビは俳優の人間が全部出ちゃう」と。そういうもんですか、やっぱり。

30代の初めにバアさんをやったでしょう？　私は、ただもう楽をしたいからバアさんをやって、逃げ切ろうと思ってたんだけど、でも、それをやれたのは、たぶん、前も言ったけど、私が子どもの頃、お手伝いで来ていたおバアさんたちをよく見てたからだわね。いろんなおバアさんがいたからね。そのおかげなの。

——お店の切り盛りで忙しかったお母さんに感謝ですね。

そうね。父親はもう、何ていうかな、お飾りみたいだった。琵琶を弾いて、ゆったり生きてた。生活は全部母親任せ。その遺伝子を全部私が受け継いじゃって。

——なるほど（笑）。

だから、男が働いてるのを見ると不思議になっちゃうのよ。「あっ、お父さんが働いてるんだ。お金を持って帰ってくるんだ」なんて、私、感心しちゃうのよ。私はそこには行けないなあって思うの。話がそれたわね（笑）。

——すみません（笑）。まとめますと、久世さんや樹木さんが「時間ですよ」や「寺内貫太郎一家」でやっておられたのは、お芝居も、作られたものじゃダメだってことですよね。役者がね、思ってもみない出来事が起こって、びっくりしたり、想定外の表情になったりするところを本当は出したいのよ。何度も練習してやるとダメになっちゃうのよね。

――段取りになっちゃうわけですね。難しいところですよね。

森繁さんの「駅前シリーズ」や「社長シリーズ」なんていうのは、大体ここでこうなって、ここであれして、とおおまかに決めておいて、カメラ位置を定めたら、「よーい、スタート」って本番を始めて、あとはアドリブだったたっていうからね。

――森繁さんのアドリブは大変なものだったと聞きます。

それで、三木のり平さんたちが自分の役どころをきちんと押さえながら、小林桂樹さんがこんな感じでいて、っていうふうに、みんなが自分のキャラクターを心得ていて、演じながらアドリブをやるからおかしいんだねぇ。

――きっとそこがコントとドラマの面白さの違いなんですね。「時間ですよ」も、樹木さんたちのシーンはコントっぽいけど、キャラクターがちゃんと入っているから、やっぱりドラマですもんね。

そこにリアルな気持ちが入ってるのと、型だけでやってるのとでは違うのかなぁと思うわね。

8　美しくない人がどうして美しく写るんですか。

――脚本家の向田邦子さんとは、「七人の孫」からのお付き合いになるんですね。

ええ。「七人の孫」から「時間ですよ」「寺内貫太郎一家」にかけては、向田さんと久世光彦さんと私とでしたねぇ。すごく頑張った時は、ほんと面白かったねぇ。

――向田さんは若い頃から才能あるなっていう感じでしたか。

いや、才能ないなぁー、っていう感じでした。

――ハハハッ（笑）。それは面白いぃ。

だってさ、話が面白くないんだもの。しかも、前後のつじつまが全然合ってないのよ。

――とてもそんなふうには見えませんでしたよ。

そうねぇ。役者たちがみんなね、自分の役どころを非常に上手に、台本の変なとこ全部補ってたからね。向田さんはね、前週の出来上がりを見てから、次の回の脚本を書き始めるのよ。それでね、私たちが撮影現場で加えた前週の要素を採り入れてくれたりしてね、随所に面白いところ入ってるわけよ。ね。だから、脚本の上がりが遅いのよ。

――確かに遅くなりますすね。

でも、私はね、「そんなことは別にいいから、とにかくホン（脚本）だけきちっと早く書いてくれ」って言ってたのよ。普通のホンを書いてくれたら、あとは私たちで何とかするから、って。ほんとに意地の悪い役者だったわねえ。

――向田さんがいくら遅いって言っても、「夢千代日記」の早坂暁さんほどは遅くないでしょう。

早坂さんはすごいわよ。すでに撮影が始まって、役者もスタッフも待機しているところに、原稿用紙が1枚ずつ届いたからね。それをディレクターの深町（幸男）さんが、その後の展開がどうなるか全く分からないまま、「零下4℃。外は雪」とかさ、やるわけよ。なんかお茶濁しながら、追っ付け追っ付けって感じで。ほんとに困ったんだけど、やっぱり「夢千代日記」はよかったわねぇ。

――傑作です。

あれはねぇ、社会の吹きだまりにいる人たちが描かれてたでしょう？　でも、あーんなに追っ付け追っ付けだったんだからねぇ。

――僕、「夢千代日記」の舞台に行きましたもん、湯村温泉。

ああ、湯村温泉。

――記念館があったりして。

ねぇ。吉永小百合さんの銅像が、建ったのよね。

――はい。銅像の前で写真を撮ってきました(笑)。

だけど、小百合さん、今でもあの銅像とちっとも変わらないんだからね、えらいもんよね。

――ほんと、そうですね。「寺内貫太郎一家」のおかみさんの加藤治子さんが、「夢千代日記」にも出てらっしゃいましたね。

1974年、31歳の時に朝日新聞の「シラケの季節」という記事に登場。
「今のわたし、飛んでるのよ。シラケじゃなくて、飛んでる」と語っている
写真：朝日新聞社

あれ？　そうだっけ？

——煙草屋旅館の女将さんでしたよ。そのどら息子が、いま東映の会長をしていらっしゃる岡田裕介さんでした。

ああ、そうだった、そうだった。思い出しました（笑）。

——向田さんは、早坂さんほど遅くなかったですか。

うん。そんな、1枚ずつ来るなんてことはなかったわね。彼女はね、もう書き殴って投げてくんのよ。やっぱあれ、そこんとこは久世さんがうまかったわねえ。シーンをつないでみて、つじつまの合わない部分やここが足りないな、っていう部分を見つけてね、久世さんと私たちが受け持って、補っていったのよ。

——へええ。

あれで鍛えられたわね、ホンを作るってのは。

——毎週毎週は、やっぱり大変ですよね。

こんなこともあったわね。みんながちょうど出払っちゃっていて、職人もいなければ、旦那も奥さんも女中も誰もいないところで、バアさん一人がいるのよ、店番っていうか、店にいるの、私がね。いつもは自分の部屋にいるんだけど、店にいてね。「はい、あんた、ここで、一人ね」って、シーンを作らされるの。そういうのもう慣れっこになってたから、それでね。

――はいはい、ありました。電話番をしてるんですよね。

そうそう。電話番っていうかね、電話がリーンリーンってかかってきて、それは間違い電話だったんだけど、バアさんはもう暇なもんだからさ、下らない話で長引かしてね、引き止めて引き止めて、結局最後は向こうに切られちゃうというね。

――あのシーン、きんバアちゃんらしさが爆発でした。

そんな感じで、なんでも芝居にしたわね。でも、あの時に久世さんとやった芝居作りがあるから、もう今、なんにも芝居がなくてもね、「このシーン、ちょっと作って」って言われたら、すぐに、前後がこうだから、そこへどんな芝居をどういうふうに入れればいいかって考えて、すぐに作れるようになってた。ホンを俯瞰で見るっていう訓練をしたし、その時は大変だったけど、結局得をしたんですよ。だから向田さんにむかって、「普通の話でいいから、作ってくれれば、その間は私たちで何とかするわ」なんていうような偉そうなことを言ってたのね。

――わはは。日本のドラマ史に燦然と輝く向田さんに対して、そんなことをはっきり言えるのは樹木さんくらいですね。

「寺内貫太郎一家」の頃に、向田さんは、がんの手術をしたの。確か乳がんだったかな。その頃の乳がんっていったら、もう死病だからね。そこから本当に自分を見つめ直したんじゃないですかね。「寺内貫太郎一家」を最後に、ああいうドタバタした喜劇を書くのをやめて、「冬の運動会」とかね、「阿修羅のごとく」とか「あ・うん」だとかね。人生を考えさせるような名作へと移っていったわね。

――ああ。次の久世さんのドラマ「ムー」と「ムー一族」には向田さんは参加されていませんもんね。

向田さんの原点もね、やっぱり森繁さんだと思うのよ。恐怖の中に笑っちゃうものがあるとか、苦しみの中で「あれっ?」っていうおかしいことが起こるとか、っていうようなものは森繁さんから教わったって。それが作品の中に生きた時に、向田さんが優れた作家として名を成したんだなって思います。

——なるほど、そうですね。

そうそう。「寺内貫太郎一家」がヒットしちゃったでしょ。それで向田さんが「寺内貫太郎一家」を小説にして出版したのよ。私に「帯を書いてくれ」って言うから、パラパラッて読んだら、「何これ？　今までやった芝居、みんなが作ってきた芝居、それを全部つなげて、こうやって並べて。あれ、面白い？」って、小林亜星さんに言ったのよ。そしたら亜星さんも「なぁ、駄作だよなぁ」って。2人で「うーん、これは？？？」と(笑)。そしたらすぐなくなっちゃった。あの本、取っとけばよかったなぁ。もちろん帯も書かなかったわよ。

——わはは。後の直木賞作家ですよ。

あの人の文章がいいな、と思ったのはね、やっぱり「銀座百点」みたいなのでエッセイね。脚本の片っ方でエッセイを書き始めていたのよ。「これ、向田さん、いいよ」って。ちょっとキラッとするものが、一つの文章の中に必ずあるの。そのエッセイの文才と、がんになった後に自分を見つめ直したことで、今に残る作品が出来てきたんだろうと思うわね。

——ああ、なるほどねぇ。

私はそう思っている。久世さんとも「そうだよなぁ」っていう話をしたことがあったわね。

——久世さん、ずっと向田さんを育ててこられてる感じでした。

そうそう。やっぱり久世さんという存在があって、でも、それはみんな、取りも直さず森繁さんから、森繁学校で見たものから来ているものじゃないかと思うのね。だから、私たち3人は得したなぁって。森繁さんには何も恩返しができないけど、得したなぁというふうに思ってます。

——森繁さんって、共演する女優さんのお尻触ったり、なんか誘ったりするって、よく聞きますよね。

まあ、サービスでね。私は一度も触られたことない。

——あれっ？ そうなんですか。

危険な感じがしたんじゃない？

——危険を察知した。アハハ。しかし、今のお話を聞いていると、森繁さんは偉大な俳優だったんだと改めて感じました。

うん。やっぱり、あの戦争をくぐり抜けてたくさんの死を見てきた。それが芯のところにあると思うわ。

――森繁さんのような俳優って、その後、いましたか。「あっ、この人には森繁さんを感じる」っていうような。

それはないけど、優れた俳優はたくさんいましたよ。勝新太郎さんでも若山富三郎さんでもね。いまも素敵な俳優はいますよ。俳優でも脚本家でも、優れた人たちは皆、人をよく見てるっていう気がしますね。

――特に脚本家は毎週作っていくので、丁寧にっていうわけにもいかないんでしょうね。

そうそう。今でこそ脚本家っていうのが市民権をちゃんと得てね、早坂暁さんでも、もちろん山田太一さんでも、倉本聰さんでも、それはもう素晴らしいドラマを書いていらっしゃる。後に続く人たちも、みんなそれぞれ、ちゃんと評価されているけども、あの頃はねえ。その人たちもきっと、映画の脚本はちゃんと書いたと思うんだけど、テレビの場合には、なんかおざなりって、バッタもんって感じの脚本だったなぁ。

――「気まぐれ天使」っていうドラマがあったでしょう。

うん。あれは誰が書いたんだっけ？

――あれ、松木ひろしさんです。僕、大好きなんです。

ああ、松木さんだったの。あれが好きだって人が結構いてね。

――ああ、そうですね。「気まぐれ天使」は石立鉄男さんが主演でした。当時、人気がありましたね。石立さんは天才感のある俳優のように見えましたけど。

見えましたねぇ。

――後半がちょっと。

後半がねぇ。だから私なんんか、人生の後半にこうやって取材していただけるっていうのは、きっとほら、幸せなところにいるんでしょうね。何でそういうふうになったかといったらば、やっぱり病気をして、世の中の流れっていうのと一緒になって泳いでいかないようにして、もう一度歩き競走の原点に返ってみたからじゃないか、と思うんですよね。こうなったら、この年齢になったらこうなるべきだ、とかっていうんじゃなくて。だって、出来ないんだから。そりゃあ、生活がかかってれば何でもやりますけど、生活の方はもう、不動産の方でね、家賃収入でもう大丈夫だから。あとはちょっと、もう少しモノを考えてやっていかなきゃウソじゃない？

――おっしゃる通りです。

そうしているうちにね、なんかモノを考えているような人みたいになってきちゃった。それでね、モノを考えてるばっかりじゃつまんないんだけど、もともとの遊び人の部分が垣間見えてさ。だから、何となく危険なような、「面白い人です。でも、危険な人でもあります」みたいな。

――「寺内貫太郎一家」なんかですごい人気が出て、次の「ムー」「ムー一族」なんかもあってね、あの時には樹木さんにもパターン化の方へ向かう危険があったんじゃないですか。

それはね、私はねぇ、あのバアさんをやってたんだけど、声とか扮装はああいうふうだったけど、でも、バアさんを演じているという感じはなかったの。さっき言ったけど、気持ちは30代前半の私が投影されているのよ。だから、パターンの部分もあるんだけど、型だけではやらないという気持ちでやっていたわね。

――「ムー」では「お化けのロック」、次の「ムー一族」では「林檎《りんご》殺人事件」と、郷ひろみさんとデュエットした歌がヒットしました。歌はお好きだったんですか。

いいえ、全然。自分の音程が外れているっていうのが分かるから、何ていうか、陶酔感がないんですよ。「また外れた」と思うからね。だからもう、歌は苦痛でした。

――「時間ですよ」も「寺内貫太郎一家」も、久世さんのドラマには歌がありましたね。

そう。

――あれが特徴でしたけどねぇ。またどれもヒットして。樹木さんと郷さんで歌うことになったのは、やっぱり久世さんのアイデアですか。

うんうん。そうです。実は「寺内貫太郎一家」の時にも、亜星さんとデュエットというアイデアがね、おバアさんと息子でね、あったんだけど、それを私が拒否したのね。「そんなのもう歌わなくてもいいよ」って。亜星さんが作った歌を拒否したの。「リンゴがひとつ　アップル／リンゴがふたつ　アップルプル」なんていう歌があったでしょ。「これはもう、私はいい」っつってって。

――あの歌ですか！　西城秀樹さんの恋人役だったいけだももこさんと亜星さんがデュエットしていましたね。阿久悠さんの詞が独特で変わっていましたね。本当は樹木さんが歌うはずだったのですね。

うん。歌えって言われたの。「嫌だ、そんなもの。なんかもう、つまんないじゃない、そんな」って言って、やらなかったのよ。「ムー」の時はね、郷ひろみさんが歌を出すのに、なんかつい乗っかっちゃったんだけど。最初さ、ひろみちゃんのファンは買わないわけよ。変な女が横にくっついてるからさ。だから最初は全然売れなかったの。

――へえ。そうだったんですか。

ソニーの酒井政利さんが「変な女がいるからファンは買わないんですよ」っていうような感じだったの。それで「私のせいか？」って思ってさ。それで頭に来て、おかしな振りを付けて、ちょっとイントロのところに2人で漫才みたいなしゃべりを入れてね。漫才ブームが来る前よ。まあそれでじわじわ売れ出して、そのうちワッとなってきたわけよ。

――郷ひろみさんの笑いのセンスが抜群でした。演技も良かったですよね。

ほんとに、素直な演技をしていましたねえ。歌から来た人っていうのは、音感があるから、マチャアキでもそうだけど、みんな魅力があります。秀樹もそうだし、ひろみちゃんも。リズム感もいいし、歌手の持っている良さがいっぱいありましたね。久世さんと感心しながら、「やっぱ歌を歌う奴は、役者とは別の魅力があるなぁ」という話をしました。その後も音楽をやる人で役者になった人がいっぱいいます。やっぱりそれはもう、感性が豊かなんですね。

――岸部一徳さんなんかは、今では名優ですが、元はザ・タイガースのサリーですもんね。

そうよね。岸部さんが俳優に転向する時はね、ここの1階（西麻布の樹木さん所有のビル）にね、私の芸能事務所があったんだけど、久世さんから「入れてくんない？」って頼まれたの。「うーん。辛抱できるかなぁ」って言いながらね、うちの事務所に入ったのよ。

――「寺内貫太郎一家」の時は井上堯之《たかゆき》バンドで主題曲の演奏をしていましたもんね。でも「気まぐれ天使」ではもう役者でしたね。秋野暢子さんのボーイフレンド役でした。

そうそう。一徳って名前、私が付けたのよ。

――へぇ。どういう由来ですか。

ザ・タイガース時代は岸部修三と書いて、「おさみ」だったでしょ。「おさみちゃん」

っていう感じでは役者はちょっとどうかなぁ、と思って。「もうアイドルじゃないんだから、役者やるんだったら、もうちょっと落ち着いた名前の方がいいんじゃない?」って。彼のお父さんがね、「徳之助」っていうのよ。だから「一徳」っていう名前にしようかって。本人は最初すごく気に入らなかったみたい、ジイさんみたいだ、って。でも、今になったら、「みんなにね、『いい名前ですね』って言われる」って言ってたわね。

――70年代から80年代にかけての樹木さんは、ドラマだけではなく、CMにも数多く出演し、お茶の間の人気者でした。まさにテレビというメディアの黄金時代に、その最先端を駆け抜けていた印象を持っています。それはやっぱり、ローンを返さないといけなかったからでしょうか(笑)。

うん、そうね。まあ、でも、駆け抜けたっていう気持ちはあんまりないわね。久世さんのドラマ作ってる時は確かに「駆け抜けたー」って感じがあったかもしれない。でも「夢千代日記」の頃になると、もう落ち着いていたから。

――ピップエレキバンのCM、横矢勲会長とのコンビが抱腹絶倒でしたね。

そうそう。やったわねぇ。ほんとに。やっぱりその時のプロデューサーなり何なりが、気が合うとねぇ、いいんですよねぇ。面白いものが作れていくっていうかね。

——素人の会長さんを相手にお芝居をするっていうのはどうでした？

まったく大丈夫よ。っていうのはね、逆に、馴れ合わないから、すごくいいんですよ。横矢さん、何言っても「ピップ、エレキバン」っつってるだけだもん。

——テレビに出たりするのがお好きだったんですか。

CMを打つ時に、タレントが決まるでしょ。「相手が必要なら、私が出ましょうか」みたいな感じで出てくれたんじゃないかなぁ。私より前に、藤村俊二さんがやってたのよ。会社の偉い人が出るっていうのは、今はね、わりかしあるけど、あの頃は、まあ普通は出ないわよねえ。またあの風貌だからさあ。でね、誰かが会長の写真を撮るじゃない？　そして「送ります」って言うわよね。「要らない」って言うの。「どの顔もみんなおんなじだから」って。そうだろうなぁ。

——CMの力は大きかったです。ピップエレキバンって、もうみんな知ってますもんね。

そうそうそう。フジカラーもね、私たちがやらしてもらった時はね、写真フィルムのシェアで、サクラカラーと競っていたのよ。サクラのCMは萩本欽一さん。フジはユル・ブリンナーだった。外国のスターを使ったオシャレなCMだったわよ。それからコダックも人気があった。フジとサクラとコダック。3つあってね。

——そうでしたね。

で、欽ちゃんのサクラカラーに対抗するために少し変わったものにしようと思ったんじゃない？　分かりやすく、日本のタレントでやって。

——あれを作られたのは著名な方なんですよね？

うん。川崎徹さん。

——ああ、川崎さんなんですか。それはすごい。岸本加世子さんとの掛け合いが最高でしたね。

あれで、シェアがぐーんと伸びたのよ。

——結構、何パターンもありました。

そう。ずーっとありましたからねぇ。で、まだ去年も今年も、いつも「♪お正月を写そう」っていうのだけは残してくれてるわけ、富士フイルムがね。デジタルカメラになって、フィルムは基本的になくなっちゃったけど、でも、そうやって、会社のかつての

ＣＭを、ずーっと残してくれてるっていうのは、面白いことよねぇ。

――一番最初があれでしたかね、樹木さんが着物姿で写真屋さんにお見合い写真の現像をたのみに来てね、岸本さんの店員が「フジカラープリントでしたら、美しい人はより美しく」っていう、あれでしたか。

そうそうそう。最初はね、岸本さんが「美しい人は美しく。美しくない人も美しく写ります」って言うことになっていたの。だから私がこう聞いたのよ。「それはおかしくないですか。美しくない人がどうして美しく写るんですか」って。「フィルムがいいからです」と担当者が言うから川崎さんに「どうでしょうかねえ、川崎さん？」と。

――それは正論だ（笑）。そこから「そうでない方はそれなりに写ります」に変わったわけですね。

「それなりに写る」っていう語感がいいでしょう。日本語として、曖昧な雰囲気で、とても品がある。

――素晴らしい。いいですよ、はい。「それなりに」で当たったんですよね。

ねぇ。人をダメにもしてないし。それはやっぱりね、「時間ですよ」「寺内貫太郎一家」の時にうーんと鍛えられてきたものが生きているわね。これはちょっとおかしいって気づくのよ。「美しい人は美しく。美しくない人も美しく写ります」じゃあ、おかしいでしょと言えるようになっていたのよ。久世さんと苦労してきたものの結果ですよ。だから、とてもありがたかったねぇ。

——なるほど。久世さんなんですね。

そうなの。でもねえ、舌禍事件でさ、久世さんとは決別しちゃったから。そっからはもう「夢千代日記」の方に行っちゃったから。

——「ムー一族」の打ち上げパーティーで、久世さんの女性関係をばらしちゃったんですね。

そう。だからもうね、お礼も言ってないのよ。お礼は言ってないんだけど、「それなりに」みたいな言葉をフッと思いつくっていうのは、本当に感謝ですよね。

——「美しくない人も美しく」じゃあ、こんなに受けなかったですよね。

「美しくない人」っていう言い方がねぇ。

——美しくないですよね。

川崎さんとね、「嫌じゃないですか？『美しくない人』っていう言い方は嫌じゃないですか」って考えたの。「じゃあ、そうでない人はどうだろう」と。曖昧な感じで。多くの人はね、自分のことを「そうでない」と思ってるのよ。だから「そうでない場合は」って聞くと、「それなりに写ります」「それなりに?」っていう流れで納得いくっていう。

——「それなりに?」という樹木さんのリアクションがたまらんですよね。

ねぇ。いいですよね。

——はい。「それなりに」って岸本さんに言われた時の、樹木さんのあの「それなりに?」という反応がたまらんです。納得してるのか、してないのか。これまた曖昧なんですよね。

そうそうそう。「ウッフン」とかやったら、ウソっぽくなるもんね。でも、なんか、それはねぇ、見てる人たちの気持ちでもあるわけね。私の気持ちだけでなくね。それでまた、加世ちゃんもうまかったわねぇ。ほら、「ムー」で鍛えられているからね。久世さんのドラマが、このCMに生かされたということよねぇ。

——なんですね。

うん。おかげさまよ、ほんと。

――「それなりに」で、それなりではない、大変な長寿CMになりました。

ほら、それまでのフジカラーのCMはユル・ブリンナーって人がやってたでしょ。それがさ、日本のなにか、ポッと出てきたような役者に変わっちゃったからさ、それこそ、撮影にも宣伝部なんか誰も来ないって感じでね。一人くらいがイヤイヤ様子を見に来てる程度だったのにね。「それなりに」で爆発的に当たって次のバージョンを撮る時には、もう何人も来て、ずらーっと並んで見てましたよね。

――富士フイルムの人が？

そう。それでね、チェックするわけですよ。「それなりに」はどこに入るんだ、とね。「今回は入りません」っていくら言っても、「いや、『それなりに』をここに入れろ」と聞かないの。川崎さんも困っちゃって。「いや、そんなところに入れるとおかしいでしょう」って言うんだけど、何でもいいから「それなりに」を入れろってね。

――アハハ。富士の人たちの気持ちはよく分かりますよ。

9 「遊びをせんとや生まれけむ」

――お名前のこともうかがわねばなりません。デビューから70年代半ばまでは、悠木千帆という芸名でした。本名は内田啓子さん、旧姓は中谷さんですが、悠木千帆という名前の由来はなんだったんですか。

あれはね、父親がね、私がほら、テレビに出てるっていうのが分かって。いや、その前だったわね。芸能界、要するに文学座へ入った時に、「おまえ、芸能界っていうのはね、生き馬の目を抜くところだから、勇気があってね、『勇気凜々』というのはどうだ？　勇気凜子っていうのはどうだ？」と言ったの。だけど、勇気凜子はねえ。ちょっとねえ。結局、もう少しきれいな名前にしようと。

――悠木千帆。とてもきれいですよね。

前川千帆っていうね、版画家がいたんですよ。「せんぱん」と読むんだけどね。その人の描く女性がプクーッとした顔でね、私によく似てたのよ。で、前川千帆の名前をもらって「ちほ」と読ませたの。悠木は勇気からね。宝塚みたいなきれいな名前でしょ。でも、ぜんぜん馴染んでなかったわね。勝手に付けた名前だから。父親と一緒にいい加減に付けた名前だから。まさか、あんなに早く名前が世に出ると思ってなかったのよ。まあ、愛着もなかったけど、でも、悠木千帆でたくさんの仕事をやりましたからねえ。

「寺内貫太郎一家」あたりまで悠木千帆だったわね。

――テレビのバラエティー番組で自分の名前を売っちゃったんですよね。

ええ。NETという放送局が「テレビ朝日」に社名を変更するという時の特別番組があったの。お祭り番組ね。「その番組に出演して、何か自分のものを売ってくれ」っていうわけ。「売るものなんか何にもないですよ」と言ったんだけどね。だって、やっぱりさ、イベントで何かを売るっていったらさあ、アイドルなら、自分が着ていたシャツだとか洋服だとか売ってもいいけど、私の服を誰かが買うと思う？「いや、売るもの何にもないですから。じゃあ名前でも売りますか」となったの。

——その発想がすごいです。

番組のプロデューサーが「えっ？ 名前を売るっていうのは、一体どういうことか分かんないですけど」と聞いてきたわよ。だから「私にも分かりません。でも、とにかく売ります」と答えたの。昔、田中邦衛さんがね、私のことを評して「あんたはね、先に何かを始めちゃって、後から理屈が付いてくる」って言っていたの。まず先へずーっと走ってって、後から理屈が付いてくる。うーん。そうだなぁと思いました。だって、売らなきゃいけないもの何にもないんだもの。売りたい不動産はあったわよ（笑）。でも、ほら、不動産はシャレで売るものじゃないでしょう？ 番組で売るとさ、あんまり高く売れないじゃない？ がめついみたいで、笑えないでしょ。

——確かに（笑）。

それは困るからね。

——名前を買いたいという人は、何人かいたんですか。

いないわよ。もうみんなキョトーンとしちゃって。そんなものを売ろうと考えるっていうことが、まあ、とにかく突拍子もないわけでねえ。でも、そうやって、みんなを驚かせるのが私たちの目的だからね。芸能界にいるってことはそういうことだと思うのよ。久世さんともよく話したけど、「遊びをせんとや生まれけむ」っていうところをね、忘れないようにしているんですよ。わりかしね、マトモになったりする時があるね。そういう時に、「あっ、ちょっと外そう」って思う。

——大事なことですよね。

うん。まあ、芸能ごとだからね。

——「ムー」の時は「悠木千帆改メ樹木希林」とクレジットされていました。

そうなのよ。悠木千帆という名前を売っちゃったのよ。「ムー」の時に、久世さんが「お前なあ、だーれも知らねぇぞ。樹木希林なんて名前はだーれも知らない」と言ってきてね。そりゃ、そうよね。「そんなこと決まってるでしょ」と答えたら、久世さんが「買い戻してくれないか?」と言うわけ。「そんなみっともないこと、出来ません」と断ったわよ。でね、諦めた久世さんが売っちゃった後の名前を考えてくれたの。「こういうのはどうだ?」ってね。

——それが樹木希林だったんですか。

違うのよ。「お前、啓子っていうのが本名だろう? 下は啓子でいいから、名字をな、母《はは》にするんだ」って。母っていう名字。変わってるでしょ。「それで、年を取ったらな、『母』の横に濁点を付けて『ばば』と読ませるんだ。どうだ?」と言うの。「母゛啓子」ね。その頃は新聞や雑誌はみんな活字を組んでたわけ。そうするとね、久世さんが言うには「印刷屋がさあ、あんたの名前がないから、わざわざ活字を作るんだよ、あんたのために。それがいいじゃないか」。還暦を過ぎた頃にね、濁点を付けて「母゛」になる。いろんな印刷会社が「母」に点々付けた活字を作る。今考えると、それもいいなぁ。

——やっぱり、ただ者ではないですね。

そうでしょう?

——だけどそれは、却下したわけですね。

うん。なんかあんまり。だって、お笑いみたいだなって思ったんだもの。

——ああ、なるほど。

もっとちゃんと考えていればよかったかもしれない。「母さん」が「きょうから『母さん』になりました」って言うのよ。楽しそうよねえ。まだ漫才なんていうのが大ブームになる前だもんねぇ。今だったらさあ、もう、そういう冗談っていうかね、ありうるでしょ。

——じゃあ、樹木希林っていう名前は、どこから来たんですか。

これはねえ、辞書を繰ってね、名字や名前に使えそうな単語はないかなあと調べてたのよ。私は、音が重なるのが好きなのね。うちの娘は也哉子っていうんだけど、やっぱり音が重なるんです。それでふと「きききりん」っていう響きを思いついたの。いいじゃない？って。別にさ、「ちゃちゃちゃちゃりん」でもよかったけど、「ちゃ」という漢字がなかなかないのよ。

——ハハハハッ。ちゃちゃちゃりんですか！

樹木希林には「き」がたくさんあって、いいなあ、と。樹木の「樹」っていうのは、おっきい木でしょ？

——そうですね。

で、「木」は、ちっちゃい木でしょ？　ある人にこう言われたことがあってね、「樹木さんのお名前は、大きい樹やちっちゃい木が集まって、希《まれ》な林となる、という意味でしょう？」って。へえ、って思ったわね。

——そう考えて付けたわけじゃないんですか。

そんなことは考えなかったわね。単に語呂がいいから「樹木希林」。人が呼ぶ時には言いにくい（笑）。

——呼びにくいですよね、はい。

まあそれで、ずっと来ちゃいましたねぇ。

——「樹木希林」は、売ろうと思ったことはないんですか。

もう売らないわよ。くたびれちゃったからねえ。名前を変えるのは大変なのよ。樹木希林にした頃は、事務所があったからね。事務所の人が何とかやってくれたけど、今、それすると、なんかいろんな手続きをしなきゃいけなくてね。もうこのまんまでいいわ。

——さっきお名前が出ましたけれど、娘さんの也哉子さんというお名前も変わってますよね。

うん。

――この名前はどうやって付けたんですか。樹木さんが考えたんですか、内田裕也さんですか。

内田さんはね、「美しい子」って書いて「美子《びこ》」っていうのはどうかと言ってたのよ。ああ、なるほど。それもいいわねと少し思ったんだけどね。その後で、ほら、ずーっと近年になって、秋篠宮さまが娘さんに「眞子さま」「佳子さま」と名づけられて、2文字の名前の響きが、今は自然になっているけど、その時はまだね、「美子」っていう名前の良さが私にはよく分かんなかったの。でね、赤ん坊のことを「ややこ」っていうでしょ。それで「ややこ」という名前に、裕也の也を一つ当てて、也哉子。

――「也」と「哉」っていうね、この漢字を並べるところがセンスがいいなと思いました。

内田さんはね、『哉』よりも俺の『也』の方が上だからな」って言ってた。それで「也」が上。

――ハハハハハ。3人のお孫さんも独特のお名前ですね。

うん。でもね、これはみんなね、昔からある言葉なんですよ。

――そうそう。そうですよね。いわゆるキラキラネームじゃない。

そうそう。当て字じゃないのよ。長男の雅樂《うた》っていう名前は日本古来の音楽で、「うた」という読み方は雅楽頭《うたのかみ》っていう昔の役職にもなってるでしょ？　長女の伽羅《きゃら》は香木の名前。次男の玄兎《げんと》っていうのはね、これはね、「玄」っていうのが「黒」っていう意味なの。漢文に出てくる言葉で「黒は、宇宙で、つまりそこに浮かぶ兎で、月」という意味だそうね。これはみんな、也哉子と本木さんが付けたのよ。

10　同居したら老老介護でしょ。出来ないもん。

――ご家族のお話になったので、夫の内田裕也さんのお話も聞きたいなと思うんですけど。

はいはい、どうぞ。

――内田さんと結婚される前に、岸田森さんと結婚されてたんですよね。早くに亡くなられましたが。

そうなの。でね、それなんだけどね、私自身は、それに対してさ、なんにも隠す気はないんだけど、もう内田がすごい怒るのよ。「それを話す必要はないだろう」って言うのよ。「俺に対して失礼だ」って。

——あ、そうなんですか！

別に隠してもねえ……。「多くの人が知ってるわけだから、もういいんじゃないの」って言ってもね。ダメなのよ。「誰も知らねえっ」って言うのよ。「結婚が2度目だなんていうのは、オメエが言わなけりゃ、誰にも分かりゃしねえんだ」って。「いや、そうかなぁ」って思うんだけど、内田がそう言うからさ。

——なるほど。しかし内田さんの方にはいろいろと（笑）。

そうなのよ、自分はね、いろんな女の人とねぇ、浮名を流してるでしょ。でも、その割には、ずいぶん嫉妬深いんですよね。だからね、私と内田と、どっちが先に死ぬかが分かんないからね。まあ、向こうが先に逝ってくれれば、それはもう、全然平気で何でも話せるんですけど、なかなか逝ってくれないじゃない？　そうすると、ずっと言えないままかもしれないわね。

——いやあ、意外でした。

もう何だか知らないけど、やたらと怒るんだよねぇ。あれは、やっぱり、自分のやってることはこっちの方に、棚のずっと上の方に上げてあるんだろうね。

——まあ、そういうもんですかねぇ、特に男にはそういう人が多いですよね。

そうなの？

——はい（笑）。

でも、寛大な男の人もいるじゃないですか、よく。

——まあ、もちろん。

どういう性格なんですかね、あの寛大な人っていうのは。

——うーん。僕には分かりませんが、寛大な人はもともと、相手への愛が足りないのかもしれませんね。

うーん。難しいわね。

——じゃあ、岸田さんのことはあまり聞かない方が……。

「どいつだ？　どいつがそれを書くんだーっ」とかって言って、もう追及されて、殺されちゃうよ。

——本当ですか。じゃあ、やめとこう（笑）。

でもねぇ、昔の映画やドラマなんか見るとねぇ、なかなか雰囲気のあるいい役者だなぁと思いますよ。ねぇ。

――ですよね。僕はまだ子どもだったんですけど、「怪奇大作戦」という特撮ドラマの岸田さんが大好きでした。

「ウルトラ」ね。

――あ、はい。円谷《つぶらや》プロダクションですね。「帰ってきたウルトラマン」も印象に残っています。

そのあたりはだいぶ後の方だけれど、若い頃の作品なんかもいいですよね。

――ああ、そうですねぇ。岡本喜八監督の映画によく出ていらっしゃいましたね。それから忘れられないのは「傷だらけの天使」です。

いま再放送してるわね。あれは、「ウルトラマン」の後かな。

――確か、後ですね。そう、後です。岸田さんの話はこれくらいにして、内田裕也さんとの出会いというと？

出会いは、まあ、別にどうってことはないんですけど、仕事場にね、あれは「時間ですよ」の時だったわね。かまやつひろしさんと一緒に来たの。

――かまやつさんですか。質屋さんの役で出ていらっしゃいましたよね。

それはだいぶ後ね。最初の頃は出てなかった。ザ・スパイダースの仲間だった堺正章が出てたから、それで、マチャアキの芝居をちょっと見に来たわけね。そこに内田も一緒にいたわけ。私はよく知らない人だったけど、なんか真面目そうな感じがしたんだねえ。

――真面目ですか！

そうなの。面白いでしょ。でね、内田さんていう人は、きれいな女の人じゃなきゃ嫌だってことはないらしいの。だから、これまでに付き合った女の人の中にはね、ずいぶん変わった人が結構いましたよ。「えっ？　この人も？」なんていう女性がね、たくさんね。

――へええ。そうなんですか。

ただ、「みんな、俺から逃げていくんだ」と。要するに、いつのまにか、自分のところからいなくなるって言うの。で、結局、いなくならなかったのは私だけだっていう感じ。で、結婚したのも私だけなのね、結局は。内田はね、本籍なんか、今どこにあるんだか分かんない人なのよ。

――え？　内田さん本人が知らないんですか。

そうよ。自分でもどこに置いてあるのか、分かんないの。そういうねえ、社会とつながっているような生き方をしてなかったからね。だから、普通の女の人は、籍を入れようにも、何だか面倒くさくなっちゃうんじゃないですかね。戸籍を探している間にダメになっちゃうみたいなね。私みたいに変わった人間は、じゃあ籍入れるとなったら探して、全部きちっと籍入れてってていうふうにするからね。そういうところがやっぱり、今日まで別れていない結果なんですねぇ。

――なるほど。結婚されたのは1973年でしたね。一緒に住んでおられたのは結局どのぐらいだったんですか。

正味、そうねぇ、3カ月はなかったわねぇ。おしなべてね。

――3カ月もないんですか。

そう。全部足してもね。でも、それでもう十分。向こうもそう思ってると思うけど、私も十分よ。

――へぇえ。

あ、あなた、何か飲まない？　こんなのがあるんだけど。

――いやあ、すいません。

特茶っての。

――あっ、ありがとうございます。これは、もしかしたら本木さんのCMの（笑）。

そうそうそう。これなら、たくさんあるのよ。

――じゃあ、遠慮なくいただきます。

どうぞどうぞ。

――それにしても、樹木さんと内田さんは、想像以上に面白いご夫婦ですね。

ほんとねぇ。45年も別居してる。3カ月同居して、45年も別々の生活してるんだからね。私にとってはまあ、おかげさまで、ああいう重しがいるってことで、すーごく助かってるところがあるのよ。向こうにとってもね、私が家を持ってるから、いろいろ助かるだろうし。それで、私はね、内田が誰と一緒にいようと、文句を言わないからね。自分がどういう女の人といようと、なんにも言わないから、都合がいいんじゃないですか。

――ハハハハッ。ますます不思議だ。でも、文句言わないのは、どうしてなんですか。

だって、助かるもの。助かりますよ。もうねぇ、この年齢になったらね、同居したら老老介護でしょ。出来ないもん、そんなこと。私はもう自分のことだけで精いっぱいよ。ねぇ。内田にさあ、「オイッ、杖！」とか「オイッ、車椅子！」とか言われても。「どうぞ、ご自分で、おやり下さい」ってな感じよね。私も、この間、後期高齢者になったわけですよ。

――ご夫婦とも後期高齢者。

だから、内田さんにはねぇ、80歳は超えてもらいたいなぁというふうに思うんだけども、もう、何ていうの、自分でリハビリするとかっていうのが出来ない人だからね。人に指図されて手ぇ上げたり足上げたりするのは、苦手な人だから、なかなかはかどらないわけでしょ？　私がそこに関わってると、もう、自分が倒れちゃう。

――老老介護はいま、社会問題ですね。

自分も相手もヨレヨレになっていくわけでしょ？　ヨレヨレでもね、離れて暮らしていれば、お互いに思いやって、相手のことを「大丈夫かなぁ？　元気にしてるかなぁ？」

なんて、思いを巡らせられるんだけどねえ。そう考えているとね、私は、どういう男の人と一緒になっても、たぶん長くはやってけないと思うのよ。

――内田さんじゃなくても、ですか。

そう。どんなに穏やかな人でも、ね、社会的に立派な人でも、どのようなタイプの人とでも、やれないと思う。

――なるほど（笑）。別居されていても、時々会われたりするんですか。

そうそう。あの、役所の書類だとかね、そういうのに判子をもらったり、いろんなことをしなくちゃなんないでしょう？　やっぱり、社会的なつながりがあるから。だから、時々会うんだけどもね。でもね、会うでしょ、もうね、お互いに言いたい話がたまってるわけよ。でね、もう両方でべらべらとしゃべっちゃうの。

――ああ、そうですよねえ。

「ちょっとちょっと、もっと俺にしゃべらせろ」と内田が言うから、私も「今しゃべらないと忘れちゃうから」っつってね。「おっ、それは面白え。それで、俺の方はな」っていう具合で、気がつくと、とにかく延々しゃべってる。それで、内田がね、「おい、周りを見てみろよ。どの夫婦も全然しゃべってないぞ、世の中の夫婦は会話がねぇんだなぁ」って言うの。だから、「毎日一緒にいりゃあ、会話もなくなるでしょう」ってね。

――ははあ。しかしそれは全く新しい夫婦の形ですよねぇ。

うん。いい時はね。会話がうまく噛み合ってる時はいいんだけどさ、だんだん時間が経つでしょ。すると、昔とおんなじ話をね、「あの時はああだった。この時はどうでこうで」なんてさ、「もう、それ聞いた」って、「100回も聞いた」って私が言い始めて。なんかこうカーッとしてくるのよね。もう気に入らないっていうか。それで、お互いにもう、突っかかって突っかかって、「じゃあもう、きょうはこの辺で」ってなるの。せいぜい2時間が限度ねえ。ご飯を食べてる間くらいかな。

――それでも別れないんですね。

うーん。もう私もね、時々考えるんだけど、「こんなに別居してるんだったら、何も夫婦という形を取らなくたっていいんじゃないか」ってね。人はそう言うし、私も「うん。どっちでもいいんですよ」ってなもんなんだけど、やっぱり、娘にとっては、あのお父さんと年に1回とか2年に1回でも会うことによって、何かが一応確認できる。やっぱり、よかったなぁっていうふうに思うんですよね。

――内田さんと樹木さんは、一緒のお墓に入られることになるんですね。

だってあなた、内田家の墓は私が買ったんだもん。

――そうなんですね。

そこにおバアさん、ね、内田の母親が入ってるの。それだけ用意しとけば、もう、嫁としては文句言われる筋合いないんじゃない？　ということかなぁ。

――あの世では同居されるんですね。

そうね。でも、ほら、骨だから。そんな、もうしゃべるわけじゃないから。ムカッとすることもないでしょう。

――そうですね（笑）。

以前はね、私も、内田もそうなんだけど、お互いに向こうが先に逝くと思ってるわけよ。でも、どうもねえ、こっちが先のような気配もしてきたから、いろいろとね、やりくりしとかなきゃいけないなと思っているところなんです。

――娘さんの也哉子さんと裕也さん、富名哲也監督の映画「Blue Wind Blows」

（2018年）で、父娘役で共演されていましたね。ベルリン国際映画祭で見ました。

あれね。也哉子はね、「この役、裕也じゃないとダメなのかなぁ？　だって、みんな気ぃ使うし、身体が自分で思うように動かないからイラッとするし、もう恥ずかしいなぁ！」って言ってたけど。だから、母親もそういう人間だし、父親も別の意味でそういう人間だしで、子どもとしては、ちょっと両親ともに対して気苦労が多いわねえ、って。

——気苦労が（笑）。

「多い」って言ってますね。

——也哉子さんにお目に掛かると「いつも母がご迷惑をかけております」と言われます（笑）。それにしても、也哉子さんはものすごく常識のある真っ当な方です。

あのー、普通の感覚を持った、ノーマルな人間に育ってますよね。それが不思議でしょ？　ねえ。久世ドラマでよく共演していた由利徹さんが昔そう言ってたの。「おかしいよ、あんたのところは。何で也哉子みたいのが出来るんだ？」ってね。「ほんと、あの子はいい子だよー」って言ってくれるの。

——也哉子さんがちっちゃい頃ですか。

そう。まだ小学生の頃ね。由利さんがね、大晦日になると、たこ八郎ちゃんとかみんなを集めて、酒を飲んで、年越しそばとか食べながら、ワイワイやるんだけど、ふっと思い出したらしいのね、也哉子のことを。それで、電話くれるの。

——ほう。

「ああ、也哉子か。由利だけどよー。もう年が明けちゃうからよー。元気にしてるか」みたいなね。「うーん、大丈夫か」って言って。也哉子は「はい」「はい」って言ってるの。そういうねぇ、電話をくれるのよ。「誰か話したい奴いるか」って言うから、也哉子が「いいえ」って言うじゃない、「うーん」って言うと、「ここに、たこがいるぞ、たこ。たこ代わろうか」って、たこちゃんと代わっても、「たこでーす」って向こうが言うと「はい」って言ってるだけだからさ、「こんばんはー」って言ってるだけだからさ、向こうも「たこでーす」って言うだけなんだけどね。

——へえ。愛されてたんですね。

年の暮れになったりすると、由利さんは也哉子のことを「寂しくしてるんじゃないかなぁ」と思うらしいのね、お父ちゃんいないし。で、電話がかかってくるの。電話をかけたくなっちゃう子なんだね。そして、「おかしいよー、あんたと裕也の子どもが。おかしいよなぁ」って首かしげてんのよ。

――はいはい。よおく分かります。

「おかしいよー」ってずっと言ってましたね。やっぱり由利さんみたいな、女の人とたくさん付き合ってる人が言うんだから、きっとそうなんだろうなぁと思うの。あれはありがたかったなぁ。

11　みんなの手を借りて育ったんだなぁ。

——親からご覧になって、娘の也哉子さんが真っすぐに育ったのはどうしてだったと思われますか。

まあ、也哉子もね、奥の深いところには、意地悪なものや自分勝手なものを、いっぱい持ってると思うんだけどもね。それが表に出ないで済んで、おっきくなった。結婚も早かったし、それから、子どもを育てなきゃなんなかったから、人の悪口を言ったり、余計なことをしてる暇がなかったのね、きっと。ね。

——それは、樹木さんの育て方がよかったんでしょう。

それはねぇ、私にとっては、悪巧みをする暇がなかったのね。私は、持論があってね、女の適性っていうのがあるとすれば、やっぱり身体を目いっぱい動かすと、女の嫌なものが出ないで済むなぁって、考えてるの。だから、私の場合も、その時期に、女の嫌なものを出す暇がなかったっていうのはありがたかったなあ、子育ての時に。

——はいはい。でも男もそうですね。小人閑居して不善をなす、ってね。

うん。だいたい出ますよ、ゆとりのある人ほど。そうそうそう。あの頃は本当に忙しかったなあ。娘にはね、とりあえず、ご飯だけは食べさせたって感じでした。だから、何かを買ってやった記憶がないのよ。今も、私、孫にモノを買ってあげたことがないの。誕生日や何かも、ただ口で「おめでとう」って言うだけなの。

——じゃあ、贅沢はさせなかったわけですね。

うん。なんかねぇ、仕事場へ娘を連れてってたりするでしょ? そうすると、衣装さんが「おたくの娘さんさあ、何だか変わった着こなししてるね」って言うの。それはねぇ、変わった着こなしでもしなきゃあダメなのよ。例えばTシャツなんてのもさ、大人のTシャツだから、ちょっと首詰めて、肩上げをして着せてるわけ。でも、そうすると長いから、それをさ、自分で下で結わいてるのよ。

――ああ、創意工夫ですね。

子どものサイズにぴったり合ったTシャツなんていうのは買ってあげたことないからね。みんな、あるもので賄《まかな》っちゃうから。だから、自分に合わせる洋服の着方っていうの？ 合った洋服を買うんじゃなくて、あるものを自分に合わせるっていうことはよくやってたみたいね。

――ああ。そこでセンスを磨いていたんですね。

いや、磨いたかどうかは分かりませんけど、そんなような生活ぶりなの。ご飯なんかもそうですよ。その頃は玄米を食べてたからね。今はもう食べませんけど。娘が小学生の頃、インターナショナルスクールでお昼にお弁当を持たせなきゃいけなかったの。そしたら、クラスメートから「あんたの弁当はまずそうだ」って言われたらしいのね。茶色い玄米に、おかかひいて、海苔かけて、そいでちょっと醬油かけて、あと、鮭と卵焼きとウインナーなんていう、お決まりの、ね。なんか「茶色い弁当、って言われた」っての。

――子どもって、そういうことを平気で言いますからねえ。

うん、そうなの。でも本当になんの彩りもない弁当なのよ。その頃の親はみんな手ぇ掛けてね。ウインナーもタコの形にオシャレに切っちゃってね。ウチのはただブツッて切ってあるだけ。「きれいじゃないから、みんなが私の弁当だけ覗きたがらない」って言ってたね。

――母親一人で子育てするのは大変ですもんね。とてもそこまではやってられませんよね。

そうねえ。ただ、子育てを自分一人でやったっていう感じでもないのよ。その頃は西麻布に住んでいたんだけど、1階に芸能事務所を作ったの。住居はその上でね。で、也哉子が早く学校から帰ってくるでしょ。そうすると、ずっと事務所にいて、スタッフの人たちに宿題見てもらったり、なんやかやで本当に手を掛けてもらったの。だから、自分一人で育てたっていう感覚がまったくなくて、みんなの手を借りて育ったんだなぁっていうことなんですよ。

――きっとお母さんが「大変だ」というところを見せないのがよかったのではないですか。

そうねえ。私、よく娘に言われんだけど、「お母さんって愚痴っていうのを言ったことないね」って。

――あっ、なるほど。

うん。「ああ、もう、こうすればよかったのにぃ」とかは言わない。「ああ、そうなっちゃった。さいですか」って。「じゃあ、そこからこうしていくか」っていうような感じね。

――それはもう、最高の子育てじゃないですか。

ねぇ。そばにいる娘に言われるんだからねぇ。原因は全部自分にあると思ってればね、愚痴は出ないのよ。

――はいはいはい、それ、分かります。僕も人に何かを相談したいと思わないんです。

うん、そうなんだね。じゃあ、石飛さんも愚痴を言わないタイプか。

――あんまり言わないですね。

それはね、立派なことでもあるけど、あんまり自分に関心がないってことでもあんのね。

――ハハハハハッ。なるほど。言えてます。

ねぇ。

――はい。確かにそうです。

自分はこうあらねばならないっていうのはあんまりないでしょう？　ねぇ。

――ない。ない。

愚痴を言わないっていうと、すごく聞こえがいいんだけど。

――はい。

よく聞いてみると、あんまり自分に対して関心がない。自分にぞんざい、でもあるんだね。物事には必ず表と裏があるから、なんかそこだけ褒めちゃダメなのよ。

――ハハハハ。全くその通りですね。でも、やっぱり愚痴とか、かくあるべきとか、そんなのない方が楽しいじゃないですか。

まあ、そうねえ。

――やっぱり結果的にはよい環境で育てていらしたんですね。

うん。もう一つ言えるのは、娘に構っている暇がなかったから、生活自体がシンプルだったわね。今、孫たちを見てると、持ってる洋服が多すぎて、靴も多すぎて、全然片付かないのよ。仕方ないことなんだけど。娘の時は、服も靴も少ししかないから、それを取っ替え引っ替えやってるから、いつもきちーっとしてあったわね。

——それは贅沢をさせないっていう教育方針でもあったんですか。

贅沢っていうか、つましくしたつもりもないのよ、全然。レストランに食べに行ったりはしましたからね。娘には必要がないだろうと思ってたんですねぇ。

——樹木さん自身の子ども時代がシンプルだったからですか。

ああ、それは関係ないわね。私の時代にはもう、何でもモノが買えてたからね。私自身がよくモノを買ってた時期もあるけども、わりかしモノに執着がなくなっていたのかなぁ、子育ての頃は。だから、子どもにもそうなっちゃったかなぁ。今なんかさあ、ある女優さんが私の洋服ダンスを見てね、「これだけ?」って言ったの。「そう。これだけ」って言ったら、笑ってたわね、少なすぎて。

——でも、樹木さん、オシャレですよね。

いいえ、この間ね、パスポートが切れるっていうんで、更新しに行ったのよ。それで、写真を撮ってね、10年前のパスポートと見比べるとさ、顔が老けてるのよ。髪は白くなってるしね。ずいぶん変わってるわけですよ。でもさ、着てる洋服が一緒だったの。

――ハハハハハハハ。

で、窓口のお姉さんに「これ、ほら、見て。おんなじ洋服着てる」って言ったら、「ワッ」って噴き出してた。

――子育ての話に戻りますと、也哉子さんは高校でスイスに留学されたんですね。卒業式に家族3人で写った写真があります。

高校の卒業式の時に、まあ、内田にもちょっと声をかけてみようかと思ってね。ほとんど年に1回も会っていないような状態だったから、それまで子育てで結構いろいろあったしね。それで内田と一緒に娘の卒業式に出かけたわけ。でも、行く時は別々の飛行機なの。向こうで合流してね。帰りに3人でベネチアに回った。あの、映画の舞台にもなったホテルに泊まって。

――「ベニスに死す」のホテル・デ・バンですね。

うん、うん。「ここでベネチア国際映画祭が開かれるんだよねえ」っていう話になって、そういう時は気が合うんですよ。まだお互いに荷物を持って歩けたから。老老介護には

スイスに留学していた長女也哉子さん（中央）の卒業式に出席。左は夫の内田裕也さん。２人は別々の便で行った　写真提供：希林館

なっていない。娘にもね、お父さんはちゃんといたんだよ、っていう写真でも残しておけば証拠になるっていうかね。そんな感じで行ったんですけど、なんだか3人でいても、いま一つ合わなかったわねえ（笑）。

――也哉子さんを育てられている時っていうのは、芸能界っていうんですかね、芸能界に入るとか入らないとか、そんな話をしたことがあったんですか。

いや、まったくそんな話はしなかったね。高校でもう留学するっていうんで外国に行っちゃって。親から離れるのが早かったからねえ。だから、将来どうするとかそんなことは一切話してない。で、19歳で結婚しちゃったから。

――「東京タワー」の演技で2007年度の日本アカデミー賞の最優秀主演女優賞を取られました。テレビから映画に軸足を移されて、ここ10年余り、映画賞を取りまくっておられる印象です。

それまでは「はね駒」の芸術選奨くらいでね。若い頃は賞というものに一切縁がなくって。だけど、もらってる役者を見ても、別にね、「ああ、もらったの。よかったわねぇ」って思うぐらいだったわね。

――くれるというものはいただくって感じですか。

そうね。賞というものは、向こうの気持ちはいただくけども、こちら側から何かそれで、心が動いたりするものじゃないところには行ってますね。今は、だから、何をいただいても「さいですか。恐れ入ります」ってなもんでね。私ね、「さいですか」っていう言葉が大好きなのよ。「ああ、さいですかー」って、フフッ。「そうですか」じゃなくて「さいですか」って。

――「さいですか」、響きがいいですねえ。役者さんの中には、賞が欲しい人は大勢いますよね。

私の場合はさ、自分が批評しちゃうからね、その作品をね。「私が受賞？　そんなわけないでしょう」って（笑）。「まあ、この程度ならもらっても、他の作品と比較したら、まっ、今年はもらってもいいかな」とかね。賞なんて、にぎやかしの一環なんですよ。まあ、芸能ごとだから。芸能ごとをやってる人間は、とりわけ表に出ている人間は、みんなと面白がる、世の中と面白がる必要があると思うの。そういう点で、まあ出ていこうかという感覚ですね。

――いやあ、それはよく分かりますねぇ。ああ、なるほど。

だから、私は非常にノーマルな人間だと思うの。そうでしょう？

――そうです、はい。賞ってね、そもそも面白がるものだと僕も思います。受賞するかしないかに、あまり必死になると、「あいつが取って自分が取れないのはどうしてだ？」みたいな比較になってくる。

そう。何かと比較したりするもんじゃない。受賞自体は「ああ、さいですか」っていうことだけども、それによって何かが動くということは、まずなくなっちゃいましたね。小学校6年の時の歩き競走で、「ああ、こうやれば1等賞はもらえるんだ」と実際に1等賞を簡単にもらえてしまったというね。人との比較じゃないんだということが頭に入ってるせいか。うん。だから、私自身はずっとすごく楽です。

――そういう境地にみんながなればいいのになって思います。

ただね、困るのはトロフィーなのよ。賞状はね、重ねて丸めておけばいいんだけど、映画の場合はトロフィーをいただくのよ。これがねえ、「あぁ、これ、どうしよう」って感じになるの。ましてね、がんで、いつでも死ぬ状態にあるとすれば、「重たいし、場所取るし、遺された人が処分に困っちゃうだろうなぁ」という思いよね。

——そんなことを考えていらっしゃる！

それでね、ずうっと考えてたの。そしたら、ある日、知り合いの家に行くとね、ブロンズ像が置いてあってね、それが電気スタンドになってるのよ。「あっ、これだ！　これ以外にない！」とひらめいたのよ。電気スタンドにしとけば、家でも使えるでしょ。使わないまでも、誰かにあげても、電気スタンドならあんまり迷惑しない。っていうことで、だいぶトロフィーを電気スタンドにして、もらっていただきました。

——電気スタンドですかぁ。

うん。いま、家にあるのは3〜4個ぐらいかな。あとのはみんな差し上げました。でもね、どうにもならないのがね、日本アカデミー賞のトロフィーなのよ。

——わはは。

トロフィーを電気スタンドに改造するのにさ、1個3万円かかるんですよ。3万円出せば、いい電気スタンドが買えちゃうでしょ？　だから最近はやめたのよ。今はね、作品の関係者に「それ、そのままあなたのところへ持って帰ってくれませんか」ってお願いしてるのよ。「いいんですか」って聞かれるからね、「こちらこそいいんですか」ってさ、持ってってもらう。人の賞でもさ、自分が関係した映画だったりすると、「ああ、うれしいな」って持ってってくれるから、それが一番いいと思ってる。

——ああ、なるほど。トロフィーも喜んでくれる人のところに行った方がうれしいでしょうから（笑）。

うん。もらった人がね、「重たいのにごめんなさい」って、あげちゃうんだからね。

——海外の映画祭でももらうでしょう？

そんなにはないわよ。まあ、おかげさまで、海外にも連れてってもらうことがあるけど。「あん」でね、どこだったか、アジアの映画祭で賞をもらったのよ。そのトロフィーが重いだけでなく、かさばるのよ。金ぴかでねえ。「あん」って書いてあるから、ロケ撮影をした全生園に行く機会があったので、その時に「すいませんけど、食堂かどっかに、これ、置いていただけませんでしょうか」と。「いいんですかー」って言うから、もうサーッと渡してサーッと帰ってきちゃった。あとはどうなったか知りません。

——2014年に旭日小綬章をもらってました。

うん、あったわねえ。

――樹木さんが断ろうとしたら、内田さんが「もらっとけ」とおっしゃって。

そうそう。その言い方がおかしくてねえ。「四の五の言わずにもらっとけ」って。「ロックンロール！」しか言わない人かと思ってたらさ、「四の五の言わずに」だって。私って、いかにも四の五の言いそうじゃない？「誰がくれんの？」みたいなさ、「なあに？文科省？」とかさ、「大臣？今だあれ？」なんて言いそうでしょ？四の五の。

――確かに（笑）。よく分かってらっしゃいますね。

本当よね。電話口で「おまえなーっ」って言って、「四の五の言わずに、もらっとけー」だから。内田さん、よく分かってらっしゃるわ。

12　やっぱりいつまでも危ない感じっていうのは残しておきたいなと。

――ここ10年、樹木さんは映画界にとって欠かすことの出来ない存在になっています。2018年も、樹木さんが重要な役で出演する映画が3本も公開されますね。「モリのいる場所」は画家の熊谷守一の物語です。

守一を演じた山﨑努さんは文学座の先輩だけど、今回が初共演なんです。1961年に私が入った時、山﨑さんはキラキラキラーッと輝いていてね。話をするどころか、そばに寄ることも出来なかった。だから、守一の妻の役で出演依頼があった時は、「はい！　やります」と即決だったの。「これ、私でいいんだ」って感じだったわ。あんな

2018年公開の「モリのいる場所」では、あこがれの山﨑努さんと、長年連れ添った以心伝心の夫婦を演じた　©2017「モリのいる場所」製作委員会

にキラキラした人と、向かい合ってセリフを言うなんていう時代が来るなんてことはもう、思いもしなかったねぇ。

――実際にお芝居されての、山﨑さんの印象というのはどうだったんですか。

とにかく、もっと注文したり怒ったりしてくれるのかと思ったけど、何にも言わないで、若い沖田修一監督の言うことを「はい」「あっ、そうだね」って常に聞いてるの。「ああ、立派な役者は、そういうふうにならなきゃいけないんだな」って思いました。杉村春子さんっていう文学座の大先輩もね、監督や演出家に盾突いてるのを見たことなかったのよ。「私はね」なんて主張や意見は全然言わないで、「はいっ」「はいっ」って聞いてたわ。あれは、私、生涯見習えませんでしたねぇ。監督の言うことに、いちいち「えーっ?」って、疑っちゃうのね。疑いが多すぎるわね。

――ハハハハ。面白いですねぇ。でも山﨑さんと夫婦役が演じられて良かったです。

私は別に、「この役者と共演してみたい」とか「この監督の映画に出てみたい」とか、そういう願いは今までもこれからも、全然ないのね。何たって、私自身に「こういう役をやってみたいわ」ということがないんだから。たまたま、晩年のもう本当に後期高齢者になってね、憧れの山﨑さんと真っ正面から向き合って、「ああ、そうですか」って言える役が来るとは、そんな役をやれるとは、まあ至福の時間でしたね。

——若いカメラマンが撮った熊谷夫婦の写真を見ながら、2人が話すシーンが好きでした。

ああ、あのシーンね。あそこは、守一が私の表情を見て「なんだ鬼ババアだなぁ」って言ってね。捨てゼリフみたいに言った時に、私、ちょっとムッとしてんのよ。フフフ。ちょっとムッとしてるっていう部分をね、ここで1回出しとこうかなぁと思って。他の男性と結婚していたのに、それを捨ててまで守一と一緒になった。その守一に「鬼ババア」なんて言われて、ムッとするっていうのだけはやっとこうって。

——あの時の樹木さんの表情は、たまらないです。

ねぇ。心が冷めてるって感じ？ ウハッハッ。心が冷めて、ムッとした表情になるって。あんなことで、女はうれしかったり冷めたりするんだなと思うとね。私はまったくないですよ、そういうのは。

——その冷めた表情の後、自分の肘《ひじ》をね、ゆっくり、ゆっくりと、写真のポーズと同じ位置まで持ってくるでしょう？

そうそう。あれはねぇ、監督の指示なの。

——あっ、そうですか。

私がスーッと冷めてたら、「その後、肘を写真のように持ってきて」って。「はい」って、やったの。

——沖田監督、すごいです。

そうなのよ。でも、一つ言っておきたいことがあってね、やっぱり全体を見た時に、ああ、この映画、とても好きな映画だけど、破けたところっていうか、破綻がないなあって思ったのね。出てる役者がみんな行儀がいいなって。みんなが分をわきまえてね、余計なことしないっていうところがあるの。そこがつまらないような気も、しないでもないなってね。

——樹木さんに言われるまで気づきませんでしたが。

みんな、品がいいのよ、出てる人たちが。映画はね、破けがないといけないのよ。

——なるほど。

そういう意味でね、守一さんを超えるだけの有象無象がもっと出入りしないと。山﨑さんなんか、絶対怒ったりしないんだから。なのに、みんな自分たちで分を守って、小さく収まっちゃってるの。あれがちょっと映画としてね、どうかなぁっていう感じがするなぁ。

――それはキャスティングの問題なんでしょうか。

役者がね。みんな、監督の好きなタイプの人を選んでるから。本人たちは破けた人生を送ってるかもしれないのに。ね？　役者が、みんな心得てて収まってるのよ。台本をきちんと読み込み、自分の位置を、自分の絵の具の色を決めて、ちゃんと収まってるからねぇ。そこが、主役である山﨑さんを引き立てられなかったなっていう感じがするの。

――なんと、難しいんですね。

いやいや、それはね、そうなんですよ。

――はあ、なるほどね。じゃあ、これまで出演された映画では、破けた役者がたくさんいた方が名作になってるということですか。

思いがけない人がね、「嫌だわねぇ、あの人」っていうようなのが1人いることによって、逆に面白くなる、っていうのがあるのよ。質の違う人が交じることで、何かが起ころのよ。だから、やっぱり、そこはプロデューサーなり監督なりが見極めないとね。

――ああ、なるほどね。それ、例えばこれまで出られた映画の中で言うと、どんな作品ですか。

いや、忘れちゃったけど。その都度。

――ふうん。すごく面白いです。

そういうもんだと思うのね。それを超えるだけの図々しい、やっぱり演者っていうのかなぁ、演技者っていうのは、なかなかいない。

――それで言うなら、吉村界人《かいと》さんはどうですか。守一を撮りに来るカメラマンの若い方の役者さん。

そうね。私には、やっぱり収まってると思えたけど、本来はもっとねえ。

――もっといかないといけないんですか。

破けたものがあるはずよ。

――吉村さんのことを、樹木さんが「沢田研二の若い頃に似てる」っておっしゃってたんですってね。

そうそう。「デビューした頃のジュリーに似てるわねぇ」って言ったら「ジュリーって誰ですか」って。「えっ？　沢田研二知らないの？」「知らないっす」「はっ？　あんたいくつ？」「24歳です」「ああ、芸能界にいるんだよね？　それで知らないの？　そうかあ」って。

――当然、「寺内貫太郎一家」も知らない。

それは当然、そうですねぇ。もう一人のカメラマンを演じた加瀬亮さんも行儀がいいですからねえ。おなかん中は演じることに貪欲ですよ、彼は。その場でちゃんと分をわきまえるからね。監督っていうのは難しくて、ちょっとやそっとじゃ出来ませんけど、「彼の持ってる魅力を存分に生かせる監督が、将来出てきたらいいなぁ」とかね、いろいろ考えますね、1本の作品が終わってみると。

――ああ。樹木さん、お芝居でいつもそうやってらっしゃるなっていうのは、すごく感じます。

そうかねえ？

――ご自分だけじゃなくて、作品全体を見ている。

もちろんそう。それはそう見ていかないとねえ。「モリのいる場所」でも、池谷のぶえさんが演じたお手伝いの美恵ちゃん、彼女が生き生きとしてたでしょ？

――ええ、してます、してます。

ね。彼女とはお互いにうまくいったように思うの。あちらがまたうまいのよ。役が生き生きしてくるとうれしいもんねぇ。いやあ、だから、そういう意味では、私はやっぱり根本的に、自分が出ていって、こう花開きたいっていうタイプの人間ではどうもないみたいね。

――「夢千代日記」なんかもすごくそうですね。吉永小百合さんの夢千代が魅力的に見えるように、樹木さんたちがサポートしていると思いました。それに主演の吉永さんが見事に応えている。役者たちのアンサンブルが素晴らしくはまっていました。また、お２人のコンビネーションが見てみたいです。

そうねえ。私は、自分が何をやるとかそういうのよりも、それはそれで「ああ、ありがたいことです」って言うけれども、そうじゃなくってもっとね、なんかこの役者が、こうやって生きてくる、っていうね。そういうのを見てみたいっていうのがあるわねえ。

――はい。そういうことをずっと芝居で見せてらっしゃいますよね。

いや、なかなかうまくいかないですけどね。だから、例えば芸能界見てても、「何だろう、この人もったいないな。かつてこんなに輝いていたのに、なんか最近はこういうことになっちゃって。どこをどうしたらいいのかなぁ」っていうふうに考えるんですよ。「私がマネジャーだったらどうするかなぁ、この人を」って思ってね。

――プロ野球でいえば、野村克也監督の「野村再生工場」ですね。

あ、そうなの？　私ね、昔ね、リサイクルプロダクションっていうのをやってみようかなと思ったことがあるのよ。「この人は今、ここに置かれているけれど、こっちに置いてみたら、もっと光るんじゃないか」とか、「この人は、こんなところにいるからみっともないんで、こっちに持ってきた方がいいんじゃないか」とか、っていうのをね。キャスティングプロデューサーみたいなものかな。人を生かすっていう仕事、やってみたかったわね。

――先ほど、山﨑努さんは監督に何も言わないというお話がありましたが、樹木さんはやっぱり監督に結構意見をおっしゃるんですよね。

うん。あのね、昔はその現場でやってたのよ、監督にも相談しないでさ。自分の中では確信があるから、もうその場で勝手にやってた。最近はね、それだとやっぱり、監督に失礼になるかなと思って、あらかじめ「こういうふうにしたい」と言うようにしているの。でも、そうすると、やっぱり驚きがちょっと少なくて、で、結果としてはあんまりよくないのね。相手の役者にも「こういうふうにします」って言うの。それは礼儀なんだけどさ。

——どっちがいいのか難しいところですね。樹木さんも、相手の役者が何か意外な行動をした時に……。

うん。それに反応してみたいっていうのがあるわけよね。

——「モリのいる場所」で「子どもたちは早くに亡くなっちゃった」っていう話は、樹木さんが入れたいって提案されたんですね。

パンフレットを読めば、熊谷夫妻が子どもを亡くしてるっていうのは書いてあるんだけど、映画の中でもさ、亡くしてるっていうのがあった方がいいんじゃないかと思って。特に守一が「もっと生きたい。生きるのが好きなんだ」って言うでしょ。だから監督に、

「自分たちの子どもに命をつなげられなかった理不尽みたいなものをね、ポソッと言うだけでも言わしてくれるかな」って聞いたの。「ああ、いいですよ」って言うから、「ほんじゃあ、ちょっと言うね」と。

——あの守一のセリフには激しく心を打たれました。そういう提案は大体受け入れられるんですか。

あんまり却下されたことはないわね。

——樹木さんが演じると、自分の周りの人が思い浮かぶ感じがします。

そうじゃないと、日常っていうのは描けないからねぇ。ああ、そういえばうちの父もあんなだったとか、うちの母もあんなだったとか。

——そうそうそう。なんか話がめちゃめちゃ飛びますけど、是枝裕和監督の「歩いても 歩いても」(2008年)の時にね、YOUさんが樹木さんの娘を演じてたでしょ。

うん。

——でね、YOUさんに向かって「おでこ出しなさい」って言うんですよ。あれね、「僕も昔よく言われたなぁ」とすごく思い出しました。すっかり忘れてたんですけど、何十年ぶりに「ああ、うちの母親がよく言ってたな」っていう。

あれね、足したのよ。台本にはないの。

――ああ、やっぱり。じゃないかと思ったんです。

YOUちゃんを見ていてね、いっつもこう髪の毛を構っててさ、いつも気にしてるからさあ、「こんなきれいな顔してるのに、おでこ出しなさい、って言わして」と是枝監督に頼んだの。

――ハハハ。そうじゃないかと思ったんですよ。なんかすごく素《す》の感じがしましたから(笑)。

ただ、理解出来ないっていう動きとかそういうのはあるみたい。「あれれれーっ」って。

――なるほどね(笑)。想像を超えた動きを樹木さんがされるってことですね。

うん。やっぱりいつまでも危ない感じっていうのは残しておきたいなと、役者としてね。想定内の動きの時もあるけども、「はあ?」と思われる感じをね。加瀬さんが私のことを、「面白い人です。危険な人でもあります」って書いてくれてんのよ。「私ってまだ、それがあるのねぇ」と思って、うれしくなっちゃった。吉村さんは「今まで生きていてお会いしたことない希有な方」と。彼はまだ24年しか生きてないんだけどね。「うわあ、いいじゃん。いいじゃんいいじゃん」「まだそれが残ってんだ」って。

――そうですよ。みんなそう思っています。私もそう思います。

これ、普通のサラリーマンだったら困り者だけど、役者だから成り立ったなぁって思うわね。

――薬剤師になってたら？

薬剤師だったら、今頃はほんとにね、何とか違反で。

――薬事法違反。

そうそう。薬事法違反で捕まってるな。期限切れの薬なんかを「大丈夫、大丈夫」とか言って処方して。絶対やるわね。もし政治家だったら賄賂を取りそうね。使途不明金なんかをね。使っちゃやって。

――いやぁ、よかったですね、役者で。

本当にね。役者なんかでよかったわよ、みんなのために。

13　この年齢になると、自分は場外から見てるって感じ。

――鈴木清順監督の「ツィゴイネルワイゼン」（1980年）も忘れがたいです。

ああ、清順さんといえばね、役者としても、よく出ていたでしょう？　あれね、私がきっかけなのよ。

――へええ。どんなきっかけだったんですか。

清順さんは日活でしょ。私が日活撮影所で、テレビ映画みたいなのを撮ってる時にね、清順さんが歩いてたのね。それで、名監督だなんて知らないで、「ねえねえ、あのおじいさんさ、風貌がいいね」って言ったのよ。

——確かに個性的な風貌です。

それでね、あれは「あたしってブス？」の竹ちゃんがいたから、「ムー一族」の時かな。久世さんに「日活撮影所に、すごく風貌のいい人が歩いててね、聞いたらね、鈴木清順っていうんだって。あの人、ちょっと出てくれないかねぇ」っつって。それで出演してもらったの。

——そうですか。「ムー一族」には、いろんな変わった人たちが出てましたからねえ。清順さんは一見汚い爺さんなんだけど、実は金持ち、みたいな役でしたね。

そうそう。セガワ何ノスケだったか何ノジョウだったか、なんかそういういかめしい名前だった。すごく気軽に出てくれてね。それから、ちょいちょいとテレビへ出るようになったの、清順さんが。

——ああ、そうですね。映画も大森一樹監督の「ヒポクラテスたち」とか出ていましたね。

私が言い出しっぺだから、お昼を食べる時に、清順さんを誘って一緒に行くわけよ。そしたら、「あのねぇ、僕ねぇ、年取って見えるけど、そんなに年じゃないのよ」って言うの。まだ70前だったかなぁ、その時の清順さん。

――いやいや、「ムー一族」の時は50代半ばですよ。

ええっ。髪の毛がなくてさ、後ろの方は白くなってて。おじいさんだったわよ。しばらくは映画を撮れてなかったみたいだけど。

――ちょうどそうですね。日活の社長に「お前の映画は意味が分からない」って言われて、干されていたことがありました。

ちょうどいい時期だったのね。私はさぁ、つまんないテレビ映画を雑に撮ってる時にさぁ、そういう人が歩いててね。食堂にいたら、下駄で歩いていたの。「ねえ、あの人、役者じゃないよね?」「うん、違う。監督だよ」「ああ、監督なのー」「あの風貌ちょっと使えないかね」なんて失礼なこと言って。それで、テレビに引っ張り出してきたのよ。

――いやあ、出会いって大事ですねえ。縁というんですかね。

そうね。その頃の久世さんは「役者ってつまんないからさぁ」って言ってたの。「決まりきった芝居しかしないから、つまんないんだよー」って。そういう時期だったのよ。清順さんが出るシーンを久世さんと作ったのよ。それから清順さんと話をするようになったんだけど、「僕はねぇ、役者ってこんな楽なもんかと思ったよ。よく監督をやりたいっていう役者がいるけど、僕には信じられない」って言ってたわね。

――清順さんはその直後から監督として目覚ましい活躍を見せましたよね。樹木さんも「ツィゴイネルワイゼン」に出られて。

うんうん。うちの事務所にいた大楠道代さんに出演を依頼してきたのね。大楠さんと藤田敏八監督と大谷直子ちゃんと原田芳雄が主演でね。私は鰻《うなぎ》を捕るおばさんの役でした。気持ち悪くって気持ち悪くって。大井川でロケだったかな。あの木の橋のこちら側で待ってる時に、「監督、この台本、私、すごく好きだなぁ」って言ったら、「えっ、ほんと？　そうかねぇ？」「私、これ、すごくいいと思う」「ああ、そう。そうかねぇ？」って言ってた。田中陽造さんのホンだったわね。

――「カポネ大いに泣く」（1985年）と「ピストルオペラ」（2001年）にも出られてましたね。

うんうん。ちょこっとね。でもねえ、監督の清順さんの記憶っていうのがあんまりないのよ。監督の才能とか、そういうのは、当時あんまり分かんなかったからさぁ。出演者の一人としてワーワー出てただけだから。だから清順さんが監督としてキラーッとしてるっていう感覚は全然分かんなかったの。とにかく「東京タワー」の時までは、監督っていうのは誰がいいんだか誰がよくないいんだか、全然分からなかったのよ。

――最近は是枝監督とのお仕事が多いですね。

うん、今まではね。ちょっとだけ出演していた時も含めて、是枝さんが多いですね。非常に穏やかな人でね、でも、地獄も覗いてみる好奇心のある人だと思うの。地獄は味わってないと思うけどもね、好奇心はある。魅力的な監督ですよねぇ。監督の一番の資質はね、やっぱり、カッとするのはダメね。1本はいい作品が出来るかもしれないけど、なかなかね、続かないと思う。

――はあ、そうなんですね。

うん。やっぱり頂点に立つわけだから。行き場所がなくて、自分の持ってき場所やぶつけ場所がなくて、一人の俳優やスタッフをいじめたりする人がいるんですよ。1回気になり出すともう気になってしょうがないんでしょうね。そいつがワーンとなんかやらかすたんびに、別の怒りまでがそっちに向いちゃうみたいな。そういうのは、自分がそういう性格を、カッとする性格を持ってるから、カッとする監督見ると、「あーあ、生涯損するなぁ」と思うのね。もうちょっと監督をやりたいと思ったら、少し自分の性格を収めないとねって。

――黒澤明監督なんか、よくカッカしてたみたいですよね。

そうですか。まあ、あそこまでずば抜けて映画を作れる人だと、「もういいかなぁ」っていうことですかねえ。

――是枝さんは怒ったことがない？

いやあ、怒ったのは見たことないですね。一瞬、目が点になることはあるのよ。そこから収めていくっていう感じはたまにありますけど。でも怒らないですねぇ。

――「万引き家族」にも出演していらっしゃいますね。

あれは本当に大変だったわね。真冬の寒い時に、夏のシーンを撮ったのよ。是枝さんはね、暑さ寒さに強いの、なにしろ団地育ちだから。ああいう強い監督と仕事をすると、役者も過酷よね。私はすぐ文句言うから発散出来るけど、子役なんかね、凍えそうなところに雨を降らして、その中を夏の格好で走らせるのよ。子役を大事にする監督っていう評判だけど、ほんとかなあ（笑）。

――是枝さんと同じくカンヌ国際映画祭の常連である河瀬直美監督も「朱花《はねづ》の月」（2011年）「あん」「光」（2017年）と、3本ご一緒されています。

河瀬さんは、言葉やなんかでは、そんなにあまり強く言わないけど、気に入らない時の向かい合い方っていうのが、ちょっと意地悪なのよね（笑）。よかった時は素直に、非常に素直に「はーい、オッケーでーす！」って言うんだけど、ダメな時は「うーん、あのなぁ」って感じでね。監督としての指示が明快だったら、若い役者でも誰でもやれると思うんだけど、そういう意味では、分かる人には分かるだろうけど、慣れてない人はぶつかるんだろうなと思いますね。

――樹木さんは相性が合ってましたね。

いや、どうかなあ（笑）。そういうのも全部ひっくるめてね、「頑張ってるなぁ」って思ってた。この年齢になると、「監督と自分」なんていうふうに、まともに向き合ったりしないから。自分は場外から見てるって感じだから、河瀬さんがちょっと「うーん、あのなぁ」って言ったら「はい、やめます」って。何かを押し通すことはないわねえ。それはね、どの監督に対しても押し通さない。

2018年５月19日、第71回カンヌ国際映画祭で最高賞パルムドールを獲得した是枝裕和監督の「万引き家族」。左は松岡茉優さん　©2018　「万引き家族」製作委員会

――それは昔からですか。

いやいや、病気をしてからね。体力がなくなっちゃって。揉めるエネルギーがないのよ。

――「悪人」（2010年）の樹木さんも素晴らしかったです。妻夫木聡《つまぶきさとし》さんの祖母の役で、詐欺商法に引っかかってしまうんですよね。李相日さんは粘る監督として知られていますが、実際はどうでした？

そうよね。粘った末に、結局、カットになっちゃったりねえ（笑）。詐欺師の松尾スズキさんの事務所へね、私が「お金を返してくれませんか」って訪ねていくシーンがあったでしょ。「おばあちゃん」なんて優しく接していた松尾さんが本性を現して、机にしがみついている私に向かって「ババア、帰れー」なんて言うシーンね。

――長崎市内のロケでしたね。あの事務所のビルに行きましたよ。

李監督が粘ってね、「もう1回やりたい」って言うから、「すいません。もう私ね、飛行機の時間があってね、もう行かないといけないの。じゃあ、もうこれでね」なんて、勝手に言って、帰ってきちゃったことがあるのよ。

――あらら。でも、あそこは名シーンでした。豹変する松尾さんも、足蹴にされる樹木さんも迫真の演技でした。

そうだねぇ。でもあの日は本当に帰らなきゃいけなくて、予約便を遅らせたのにギリギリになって。もう飛行機のドアが閉まりかかってるところに飛び乗ったのよ。松尾さんなんか、可哀想に、私が「帰る」って言ったもんだから、付き合わされちゃってね。李さんに対しては「今のテイクでいいのが撮れてるから。それで、あとはうまく編集して。もう私帰る」って言っちゃったの。

――李監督もびっくりしたでしょうね。「わが母の記」(2012年)の樹木さんの演技についてもうかがいたいんですが。

どうぞどうぞ。

――役所広司さんの小説家の母親役でした。原作者の井上靖さんのお母さんがモデルですね。映画が進むにつれてだんだんと老いていって、本当に小さくなっていっている感じがしました。

したよねぇ。

――はい。とっても不思議でした。

ちょうどね、「マーガレット・サッチャー 鉄の女の涙」っていうのをメリル・ストリープが撮ってる頃でね。あっちはさ、1シーンずつ、1カットずつ、普通のメイクと特殊メイクをやって、サッチャーそっくりにしているのに。こっちは、午前中に若い頃を撮って、午後は年取ってからのシーンを撮ったりして。もう毎日毎日こういうのをやって、こっちは、ずいぶん安上がりな女優だよねぇって。

――ハハハハ。朝と昼で年を取ってたなんて知りませんでした。

もう雑、雑。スケジュールの組み方が雑なの。でもね、それでやっちゃうんだからねぇ。

――メイキング映像を見ると、どうやって小さくなっていったかについて「骨を抜いていく感覚なのよ」っておっしゃってました。

うん、抜いた感じよ。

――それは一体どういうことなんですか。

「モリのいる場所」の秀子さんと同じなの。今、ああいうおバアさんっていうの、みんな、なかなか演じたがらないでしょ。女優さんが着物を着ると、みんな、きれいになっちゃう。そういうことのないように、ジューッと縮んでいくの。最近は骨がずいぶん華奢《きゃしゃ》になったから縮みやすいけど、「わが母の記」の頃はね、骨を抜いてちっちゃくなるのが結構つらかったわよ。

——骨を抜いていくっていう表現が面白いと思います。樹木さんの言葉、いつも意外性があるんですね。

そうかな。うーん。

——表現がオリジナルで、しかも、よく分かります。だからすぐお話が聞きたくなるんですよ。

いつでもどうぞ（笑）。

——しかし、そんなことが出来るもんなんですね、キュッて縮まるっていうのが。

出来るもんなんですよ。

——それはどこで会得していくものなんでしょう？

普通に周りを見てると、腰が曲がったままタッタッて歩いてるおバアさんとかがいるのよ。そういういろんな人を見てるうちにね、「ああいうのを1回やってみたいなぁ」とかってなってくるの。おバアさんじゃなくてもおばさんでも、「やってみたいなぁ」と思うんですね。

——なるほどねぇ。

だからといって、こういう役をやりたいとかっていうのはないのよ。こうじゃなきゃいけないっていうのはないの。

——「わが母の記」だけでなく、「駆込み女と駆出し男」（2015年）など、原田眞人監督ともよく組んでいますね。

うん。私はねぇ、原田さんが本当に好きなの。少ない予算の中でね、いい絵をね、いかにもお金を掛けているような絵を撮るのよ。とても奥行きのある絵をね。ハリウッド映画に匹敵するぐらいの予算をかけたんじゃないかと思えるぐらいのものを、低予算で撮っちゃう。だから好きなんですけど、欲を言えば、人間の深さみたいなものをもっと見せてもらいたいなぁ、っていう不満があってね。

——好きな監督にも手厳しい。

もう一つ、そこらへんを容赦なく描くようなものが出てきて、あの映像技術とセンスで撮ったら、すごいものが出来上がるんじゃないかと思っているの。才能があるから、映画の中にいろんなものを入れすぎちゃって、見てる観客が感情移入をしにくいのね。

――いろんなものが入っているというのは、いい意味でもその通りですね。

うん。それを見事に編集しちゃうから、そういう不満が、ちょっとある。だから、原田さんに人間をえぐるような映画を撮ってもらいたいなと。私が出る出ないじゃなくてね。あれだけの腕があるんだから。人生の壁にもっとぶち当たって、血の出るような苦しみをしろ、とは言わないけど、分かってほしいと。私の勝手な思いなんだけどね。

――「わが母の記」なんかは人間が描かれていましたが。

あれはもともとは、井上さんの小説でしょう？　小説っていうか、回想ですもんね。土蔵のばあちゃんっていうのがいたでしょ。一番個性的な人。土蔵のばあちゃんは亡くなっちゃったからちょっとしか出てない。あとは写真だけになっちゃってね。最初、私はあの土蔵のばあちゃんの役だったんですよ、3～4シーン出るだけの役。それが、主役をお願いした女優さんがＯＫが出なかったんで、こっちに主役が来ちゃったわけよ。

――えっ？　そうなんですか。

土蔵のばあちゃんから、こっちに来ちゃったわけ。

――へえ。それで樹木さんが演じられて。まあ、さっきの話じゃないですけど、多くの賞を受けられたんですもんね。

そうねえ。

――「万引き家族」の家のセットを見せてもらいましたけど、趣のあるというか、ねぇ（笑）。でもね、「ああ、僕も、子どもの頃、こんな家に住んでたなぁ」って。

まあ、あそこまでひどくはないけど、昔の家って、あんなようなもんだったわね。で、私なんかが子どもの頃は、モノがないからね。あんな「万引き」の家みたいには。だから、もっとさっぱりしてましたけど、テレビが来て、蛍光灯になって、要するに電化製品が来はじめたのね。床の間に掛け軸と水盤があって、花が生けてあるなんていうのがなくなって、床の間にテレビが来ちゃったのねぇ、電話機が来ちゃったのねぇ。あれから日本の美しい家屋ってのはなくなっちゃった。

――全くその通りですね。

美しい畳の文化っていうのが、日本から消えつつあるわね。ウチなんか、玄関に洗濯機が来てね。親がもう新しモノ好きでさ、何か電化製品が発売されると、すぐに買ってきちゃうの。その頃はほら、日銭の仕事してたから買えたの。あれからずっと、日本の住居っていうのは、悪くなりましたよね。

——本当に雑然としちゃって。

それでもう、テレビの横には、土産物屋で買ったような状差しがあって、そこに孫の手が突っ込んであって。貝殻とこけしの置物とか。残酷に変化しちゃったわねえ。

——「万引き家族」の家は、その残酷さの見事なまでの再現でした。

ああいう家あるんですよ。吹きだまっちゃったところで。いやあ、もうこれだけね、今年（2018年）上映される3本の映画を考えると、いろいろ感慨深いものがありますね。

——3本ともタイプがまったく違う映画です。

そうでしたねぇ。タイプの違う映画に出さしてもらって、幸せでしたねぇ。だから、そうね、私、いま75歳になって、人は「今後」って言うけど、私にとってはもう、「ここまでよく生きたなぁ」っていう実感なの。

エピローグ　今日までの人生、上出来でございました。

――最初に乳がんが見つかってから、14年が経っています。これまでお話をうかがってきて、樹木さんの人生観みたいなのも、やっぱり変わってきているんだな、と感じました。

変わったでしょうね。私ね、自分の身体は自分のものだと考えていたんですよ。とんでもない。これ、借りものなんだっていうふうに思えるようになりました。親から生んでもらったこの身体をお借りしているんだ、と。そこにね、私という何だかよく分からない性格のものが入ってるんだ、と。

――ははあ。なるほど。

ところが、その借りものをさあ、若い頃からずっとわがもの顔で使ってきたわけじゃない？　ちょっとぞんざいに扱いすぎたなぁ。今頃になって気づいてさ、「ごめんなさいねぇ」って謝っても、もう遅いわねぇっていう感じかな。でも、75歳、後期高齢者まで来たからね。ほんとに、よくここまで来られたわよ。年金もちゃんと65歳からもらったし。うん、もう何にも言うことないんじゃない？って私は思ったなぁ。

――じゃあ、最近はこの借りものをぞんざいに扱ってらっしゃらないのですか。

そうね。やっぱりね、モノを食べる時も、いろいろ考えてるわね。考えるっていってもね、これが身体によいとか悪いとかを考えるって、そういう意味じゃないの。どんなものでもよく噛んで、食べ終わったらありがたく「ごちそうさまでした」と感謝する、っていうことなの。

――まずい、とか思っちゃいけないんですね。

うわあ、っていう食事も確かにあるわよ（笑）。そういう時でも「まずい」とは言わないでね、よく噛んで感謝して食べるというね。そうすると身に付いていくと思ってるわけ。それから、家ね。

物欲はほぼなくなった。「10年ぶりにパスポートを更新したら、写真の顔は老けたのに、着てる服が同じだったのよ」　写真：朝日新聞社

――家、ですか?

そう。家や土地っていうのもさ、なんか自分で買ったんだから、自分のものだと思っちゃうじゃない? でも、これって、地球から借りてるものなんだよね。東京都から借りてるものだって、日本国から借りてるものだって。突き詰めて考えてみれば、地球からお借りしてるものなんだっていうふうに思ったの。その時にスコーンとね、「これが欲しい」「あれが欲しい」っていうのがなくなっちゃった。病気してからね、病気して死に至った時にね、持っていかれないわけだから。それでなんか腑に落ちた。物欲がね、スッとなくなっちゃいましたねぇ。

――そうありたいものです。

人生を振り返ってみてね、こんなに十分生かしてもらえたんだなぁっていうふうに思うわね。「人間いつかは死ぬ」って、みんなよく言うでしょ。私のように、これだけ長くがんと付き合ってね、これだけたくさんのがんを持ってると、「いつかは死ぬ」じゃなくて、「いつでも死ぬ」、という感覚なんですよ。それに関しては「あっ、ごくろうさま。お借りしていたものをお返しいたします」という感覚でいるからね、すごく楽なんですよね。

――覚悟が定まっているということですか。

いやね、確かに、人から見れば、こういうのを「覚悟」って言うのかもしれないけれど、そんなに大したもんじゃなくてね。だからといって、「覚悟」がグラグラしてるってわけでもない。現在まで、それなりに成り行きで生きてきたように、それなりに成り行きで死んでいくんだろうな、っていう感じでしょうかね。

――それなりに、ですね。

うん。ですかねぇ。夫の内田裕也もね、大変な思いもしたけれど、ああいう人とかかわったというのは、それこそ偶然じゃないという気がしてきたの。一度ね、女性週刊誌に追い回されて、もうカッカッしてた時にね、内田が「おまえ、相手の記者もな、人間なんだ」っていうか「会社を背負ってるけど人間なんだから、人間とちゃんと向き合えばいいじゃないか」って言ったことがあったのよ。

――それは意外ですね。

「そんなもん、取材する前に書くことなんか決まってるのに、向き合えるわけないよ」

なんて、その時は言い返したんだけど、ちゃんと意思を伝えてね、それでも伝わらなかったら、まあ、それまでだというふうに思うようになったのね。そこは内田に教わりました。

――そういえば、内田さん、映画「コミック雑誌なんかいらない！」で芸能リポーターを演じておられましたね。ということは、内田さんはそういう記者と向き合っていらっしゃるんですかね。

いや、自分は逃げてますよ（笑）。内田にはね、優しいところがあるのよ。だから逃げるの。ほとんど一緒にいなかったけど、でも縁があったんだろうなあ。だから内田には「面白かったわ」と伝えているの。

――そろそろインタビューも終わりなんですが、今の映画をめぐる状況みたいなのは、どんなふうに見ていらっしゃるんでしょうか。

若くてさ、こういうものを描きたいっていう監督が出てきてるってことが、すごくいいんじゃない？　今後はさ、もっと監督の層が厚くなって、役者の層も厚くなって、っていうふうになってほしいと思うわね。

――「万引き家族」で共演されていた安藤サクラさんが今、素晴らしい役者さんになられてますね。

ノーマルなところをちゃんと持ったうえで、そこからはみ出すものを持ってるわね。非常に面白いバランスで、人間としても、人柄がいいよね。嫌な奴じゃないのね。それがこれから魅力になっていくわね。ああいう役者がたくさん出てくると、もっとすごい、あつーい映画が作れるんじゃないかなぁ。

――安藤さん見ていると、ちょっと樹木さんの若い頃を思い出したりするんですけど。

いやいやいや、私は全然、ぜーんぜん。あんなに人柄がよくない。安藤さんに気の毒よ。私は、マイナスの部分をいっぱい持って生きてきてさ、人を斜めに見ているから。サクラさんのよさって、人柄よね。人がどういう気持ちでそこに反応してるか、嫌な思いしてるかっていうの、ちゃんと見えてるの。かといって、人柄の良さに収まらないものも、親からかな、受け継いでいるから、とてもいいですよね、こういう人が増えてくるといいわね。

――日本映画の未来は明るいですか。

映画って思想じゃない？　技術的にはね、なかなかアメリカやヨーロッパの映画に全部が届いているとは思えないけども、モノの考え方とかは、日本の、日本人の作り出す映画っていうのがこれから期待出来ると思うのよ。日本はさ、東洋の思想と西洋の思想を非常にうまく料理出来る国柄じゃないかしら。だから、そういうところから、見事なものが出てくるんじゃないかなぁ、って期待してるの。

それには、作り手がもっと成熟していくといいですよね。誰が賞をもらったとか何とかっていう上っ面の勝った負けたじゃなくてね。人間としての魅力がこう表現されてきたぞ、というのが日本映画にはあるから。だから今後がとても楽しみだわね。その時はもう私、お墓に入っちゃってるけどね。

――まだまだ映画のために頑張ってほしいと願っています。長時間のインタビュー、本当にありがとうございました。

こうやって、あなたにずっと私の話をしてきてね、何が分かったかというと、その都度その都度、いろんな人との出会いによって、つぶれてしまったり、持ち上がったり、影響を受けながら生きてきたってことよね。いまなら自信を持ってこう言えるわ。今日までの人生、上出来でございました。これにて、おいとまいたします。

内田也哉子、母・樹木希林を語る

内田也哉子　うちだ・ややこ

文筆家、翻訳家。1976年東京都生まれ。著書に『ペーパームービー』『会見記』『親と子が育てられるとき』（志村季世恵と共著）『BROOCH』、翻訳書に『たいせつなこと』『岸辺のふたり』『恋するひと』など。映画『東京タワー　オカンとボクと、時々、オトン』では、オカン（樹木希林）の若い頃の役で第31回日本アカデミー賞新人俳優賞受賞。音楽ユニットsighboatのメンバーで、作詞と歌を担当。三児の母。

母の死は何ものにも代えがたい大きな贈りもの

《2018年9月1日。樹木さんが入院して、半月ほど経っていた》

病室に行くと、母が独り言のようにつぶやいてるんです。もしや、おかしくなったのでは、と思ったのですが、よく聞いてみると、窓から見える町並みに向かって「死なないで」「お願いね」「命がもったいない」と繰り返していました。やっぱりおかしくなったかと思い「どうしたの？」と尋ねたら、「今日は9月1日だから」って。

母は晩年、不登校の問題に関わっていました。夏休みが終わって学校が始まる9月1日に、子どもの自殺が一番多くなるという事実を知ったんです。「将来ある子どもが、様々なプレッシャーに負けて自ら命を絶つ。それがどれだけもったいないか、あってはならないか」ってことを、自分自身が死に向かってるからこそ、より強く感じたんだな、と。

《さらに半月後、樹木さんは突然「家に帰りたい」と言った》

入院した当初はね、「下手なホテルのスイートルームよりも、よっぽど良いわあ」と満足していました。でも、入院して1カ月経とうとした時、急に「もう帰ろうと思う」と言い出したんです。「いやあ、無理だよ」と答えたんですが、主治医の先生に相談してみると、「そうおっしゃいましたか。もっと悪化したら帰れない。今しかチャンスがないことが、ご自身で分かったんですね」って。

それからベッドや介護器具を借り、在宅で診てくれる先生と看護師さんを手配して、2日後に介護タクシーに乗せて自宅に帰りました。移送の間、母はじぃーっとしていました。「あの時はエネルギーを温存していたんだな。動きの一つひとつが最期に向かっていたんだな」と、いま思い返しています。

母は事前に、すべての準備を自分で指示していました。「ベッドは寝室じゃなく、みんなが普段通りに過ごしていられる居間に置いて」とかね。看護師さんや私たちがあくせく作業していると、母が「ねえねえ、紙ちょうだい」って。そしたら「私のことはほどほどでいいから、とにかくみんなが快適に世話を出来るように、よろしくね」と書いたんです。看護師さんがその気遣いに「すごいですね」と驚いていました。

その夜、「やっと落ち着いたわね」というような会話をして「じゃあ、私たちは寝るね」と、自分たちの寝室に行こうとすると、母が私を呼び止めました。手を差し出してきたから、握手をして「どうしたの」と聞いたんです。そうしたら「ありがとう」って、とっても小さな声で3回言うんです。「やめてよ、気持ち悪い（笑）。これからでしょ？明日からね、（父の内田）裕也にも声をかけるし、いろんな人が来るから、忙しくなるよ～」と話して、「じゃあね」と寝室に上がったんです。

夜中の1時過ぎだったでしょうか。付き添いの看護師さんから、「全員おりてきて下さい」と言われて、母のところに駆けつけました。意識が遠くなっていました。旦那さん（本木雅弘）と長男の雅樂《うた》、次男の玄兎《げんと》で、母を囲みました。長女の伽羅《きゃら》は大学の新学期でアメリカに戻っていたので、携帯電話のビデオ通話で顔が見える状態にして。

私は動揺してしまいました。やっと家に帰ってホッとしていた矢先に何もこんな……って。そしたら、イギリスで育った8歳の玄兎が英語でこう言ったんです。「マミー、大丈夫。身体はなくなっても、魂はずっとそばにいるんだよ」って。私、腰が抜けちゃいました（笑）。こんな小さい子が、目の前でおバアちゃんが亡くなっていくのを見て、どこかで聞いたのか、自分で感じたのか分からないけれども、母親を冷静に励ましてくれたんです。「ああ、そうだね」って我に返りました。

　でも、玄兎がおかしいのは、「ほんとにもうこれで最期です」ってなった時、「あっ、いつもおいしいフルーツを食べさせてくれてありがとう」って咄嗟に言ったんです。よくおやつで、母が玄兎に八朔などを剝いて食べさせてくれてたんです。それを急に思い出したみたい。みんなで笑っちゃった。私なんかもう「ありがとう」ぐらいしか言えなかったんですが、子どもってありのままでおかしいなぁって。

　夜中の2時頃に、父を電話で叩き起こしました。父もその頃、入退院を繰り返してたんですが、「お父さん、今、もうお母さんがあれだから」って、「何か話しかけて」って言ったら、「お前、ちょっと待て。ちょっと待てよ」って焦るわけです。そして「啓子、おい、しっかりしろー、しっかりしろー」って。父も、声からして動揺してしまって。

　雅樂が母の手を握ってたんですが、父の声が聞こえるとね、母の手がギューッて強く握ったと言うんです。確実に反応してるんです。母が家に帰ってきてくれてなかったら、病院のままだったら、私たち、間に合ってなかったんじゃないか。家族全員で、母が息を引き取っていくさまを見せてくれて。こちらの感謝も伝えられて。ずっと不在だった父にも加わってもらえた。それはそれは何というか、一生忘れられない光景です。ちょっと変なたとえかもしれないけれど、私が3人目の玄兎を産む時に、助産院の小さな部屋で、母も含め家族みんな集まる中で産んだんです。その時に感じた生命の誕生を家族で見守ったっていう空気と、母が亡くなっていくという空気が、すごく似てるなあと感じたんです。こんなに生命と密接に対峙することって、普段なかなかないじゃないですか。「あっ、このことを母は言ってたんだな」としみじみ思いました。

母は常々「家族に、自分の死んでいく姿を見せたい」と話していました。なぜ見せたいかというと、この日常というのは、希《まれ》なる瞬間の積み重なり。その自然の摂理の中で人は生まれては死んでいくっていうことを身をもって気づかせたかったんでしょうね。かけがえのない一日一日が積み重なっての人生だと分かれば、日常のどんな小さなことにも感謝が出来る。そして、どんな人に対しても慈《いつく》しみを持って接することが出来るというか。やはり、身近な人の死を体験すると理屈抜きで実感するんですね。

さっきまで、息をして、しゃべってた人が、次の瞬間には消えていく。身体は焼かれ、灰になって、お墓の下で土に還っていく。「それを見てほしい」と。8歳の玄兎に至るまで、「おバアちゃんが死んだ。寂しいね」っていうこと以上の、人間の営みというか、そういうものを教えてもらえた。「ああ、母はこれを意図していたんだな」と思いましたね。それ以降、何だか子どもたちの顔つきが変わりました。それは、何ものにも代えがたい大きな贈りものでした。

あの時、母が「帰ります」って言わなければ、母のプラン通りにはいかなかった。きっときっと母は「これが最後のタイミングだ」って分かったんでしょうね。お医者さんには「家に帰るっていうことは、リスクが高まりますよ」って言われたんです。でも、つらい決断を家族がしないでいいように、母がうまくやってくれたんだと思います。整理整頓もすべて完璧になっていました。だからあまり右往左往せずに済んだ。「身支度ってこういうことを言うんだな」と。

そして、おまけに、どうやら父まで連れていったようじゃないですか。父が亡くなった時、みんなが言いました。そんな時だからちょっと申し訳なさそうにね、「お母さまが連れていかれたんですかね」って。「安心ですね」が後ろに付いてるような（笑）。私は母に対して「申し訳ないけれど、できることなら父に先に逝ってほしい」とずっと言っていたから。母が先に亡くなった時は「もう、これから一人でどうすればいいの？」と戸惑いました。

父との密な付き合い、遺品整理

母が亡くなってから父が亡くなるまでの半年間、父とは初めて密に付き合いました。それまでは年に1、2回しか会っていませんでした。母が生きてた時には、父のことは全部母任せにしてしまったんです。でも、この半年間は病院にも割と頻繁に行けたし、退院した時に誕生日のお祝いも出来ました。父が元気な時にもっと一緒に穏やかな時間を過ごしたかったけど、それは叶わなかった。せめて弱った父に寄り添う時間を、母が私に残してくれたのかもしれません。

母はすべて整理整頓して逝きましたが、父は全く正反対でした。父が住んでいたマンションに遺品整理に行くとね、もう、モノがあふれ返っている（笑）。赤いソックスを履くのが父の決まりだったんですけど、引き出しの何段分かから、赤いソックスが出てきた（笑）。もう何十足ですよ。封を切ってないものもいっぱいありました。いろんなグラデーションの赤いソックスを、世界中から買い集めていたんですね。靴も好きでね。気に入った靴があると、同じものを2足、3足と買うんです。ストックしてて。サングラスなんかも、テーブルに山盛りいっぱいある。これも何十個単位であるんですよ。年末恒例のロックフェスティバルで行うチャリティーイベントに寄付しようかと思っています。

母もね、何回か父の家に行ったことはあるみたいですが、「モノの多さに気がくるいそう。こーんなに真反対のね、夫婦もいないねえ」って、笑っていました。私も、初めて父の部屋を見て、本当に驚きました。不思議と高価なものはないのですが、どれだけ父がモノを買って溜め込んでいたか。悲しい哉、その資金源はほぼ母と本木さんなんですからね（笑）。

母は極力無駄がないようにって生きているのに、こっちはどれだけ無駄が出来るか、もう無駄勝負みたいな（笑）。だから、この両極端を見たら、ちょっともう、怖いものなしだなって思いましたね。

今、こうして、父の納骨まで終わってみて、感じることがあります。お墓の下って、ただの空洞なんですよ。「えっ？　こんなところに入れてしまうの？」という罪悪感が初めはありました。でも母の骨壺の隣にひと回り大きい父の骨壺が並んでいるのを見て、「ああ、一つの物語がこうして幕を閉じたんだなぁ」という感慨がありました。

母と父の葬儀、喪主あいさつで心がけたこと

《母の葬儀、そして父の葬儀の時の也哉子さんの謝辞が、いずれも通りいっぺんのあいさつではなく、心がこもっていて、とても評判が良かった》

母の時は、本当は父が喪主だったんですが、体調も良くなくてあいさつが出来ないからって、結局、私がやることになりました。最初は避けたい気持ちでいっぱいでしたが、母が昔「気持ちがちゃんとあれば、下手でも何でも伝わるから」と言ってたことを思い出して、「上手にあいさつ出来なくても、気持ちを伝えればいいのかもしれない」と、葬儀の2、3日前に決心しました。ありがたいことに後にいろんな方々から「共感した」とか「自分のことと重なった」などと言っていただいて、安心することが出来ました。

《樹木さんがアルバムに挟んで大切に持っていた裕也さんからのラブレターには、多くの参列者が目頭を熱くした》

あの手紙を見つけた時は、恥ずかしさはありつつも「これは紹介せずにはいられない」と思いました。この驚きを皆さんとも共有したくて。やっぱり誰もが「一体どういう夫婦なんだろう？」って思ってるわけですからね。その意味でも、若かりし頃の２人の関係性を少し浮き彫りに出来たと思うと嬉しいです。

母はね、「大きな葬儀はやらなくていいよ」と言っていたんです。「墓に入るために、お寺でお経を上げてもらうだけでいい」って。父は正反対でね、「青山葬儀所で盛大にやってくれ。葬儀委員長は田邊昭知。誰々と誰々が弔辞を読んで」とか話してた（笑）。結局は母の葬儀も大きくなってしまいましたけど。どうせひっそりやっても、撮られるのだったら、マスコミのスペースをちゃんと作って仕切った方が混乱が少ないということになったんです。

その時は大して考えが及んでいなかったんですが、参列して下さった方も、テレビやメディアで見て下さった方も、皆さん、誰かの子どもであり、誰かの親であったりするわけですよね。だから、母の死っていうものが、他人の死っていうよりは、それこそ母が言っていた「死にざまを見ていただきたい」っていうことを、直接知らない人たちにも届けることが出来たのかもしれない。いろんな人の感想を聞く中でそう思いました。母がよく「ウチは職業上、プライベートも何も、全部さらして生きていかなきゃいけない」と言ってました。「恥もたくさんあるけれども、恥がさらされた時に、かき消そうとするんじゃなくて、それをどう自分が捉えるか。人にさらす、ってことは、自分でもそれをしっかり見なきゃいけない。その意味で、自分は芸能界にいてありがたかった」って。

母の葬儀で、私がそれをやらなきゃいけなくなって、「どう向き合ったらいいのかな」って、手探りでやってみたという感じです。母の人生を見てきた人々が一緒に弔って、テレビや紙面を通して、ともに母の死を見つめて下さったっていうのを、すごく実感できました。「亡くなってずいぶん経つのに、いまだに皆さんが母の言葉や、母がどう生きたのかということに興味を持って下さるのはどうしてかな?」って。人々が共感出来る何かがあったのかなあって。あんなに特殊な人なのに、と思うんだけれども。あまりに特殊すぎて、その違和感が面白いとか、そういうことなのかなあ。

言っても仕方がないことは言わない

母が晩年によく言ってました。「私、がんとか死とかの伝道師みたいになってるけど、私だって、死んだことないんだから分からないわ」って。実際に死んだ後、伝えに来てくれるかと思ったけど、全然出てきてくれないですね（笑）。

自分も含めてですが人は、やっぱり「死がすべての終わりなんだ」ってとらわれ過ぎているということなんでしょうかね。母は、仏教的な思想が強かったから、輪廻転生っていう考えがすごく腑に落ちてる人だったと思います。今、この身体をお借りして、この時代に生まれてきたけれども、また次に、どんなシステムなのか分からないけれど、生まれ変わったり、あるいは、魂だけでいられる安らかな場所があったり。「死とともに、真っ暗になって終わり、っていうものではどうやらないらしい」と思ってた節があります。

母だって、未知の体験なんだから、怖かった部分もあったと思います。でも、母は

「怖い」「苦手だ」「嫌だ」ということにぶつかった時の対処の仕方をいっぱい訓練してきていました。だから、試練をどう自分が受け止めるか、あるいは乗りこなせるか、っていう心構えがあったんじゃないでしょうか。

私から見ると、病気になってからは、ちょっと修行僧のような雰囲気がありました。最後の余命宣告されて以降は特にそうでした。痛くて当たり前、つらくて当たり前、怖くて当たり前っていうところから、「さあ、自分はどう生きるか」っていうことをずっと、頭のどこか片隅に置きながら、自分自身とずーっと問答をしているような感じに見えましたね。

それでいて、いつもユーモアがありました。ユーモアって、たぶん、心のゆとりじゃないですか。たぶん母は、元気な時もそうだったけど、「人生が残り少ない」と思ったからこそ、より強く心のゆとりを持って、おかしみを常に携えて、何事にも向き合っていきたいっていう、なんか自分の中で、そういう精神が決まっていたようでした。それが本当にブレなかったです。

あれだけの病気を抱えていて、一度たりとも「つらい」とか「痛い」とか、弱ってるところを見せたことがなかったですね。だからといって、頑張って虚勢を張って「弱いところを見せないのよ、私は」っていう感じでもなくて、言っても仕方がないことは言わないっていう人だったんでしょうね。それは病気のことだけじゃなくてね、父みたいな、ものすごい苦難を背負ってもね（笑）、まあ、見事だなっていうぐらい、絶望している姿を見たことがありません。

娘ながら「この人、本当に人間なのかな?」と思うことがありました。「ほんとに、ほんとにつらくないの?」って、いろんな方向からつついてみたりしたんですけど、揺るぎなかった。そうそう。亡くなる1カ月前に母が大腿骨を折ったことがありました。私が車に乗せて病院に行ったんですが、あんまり静かにしてるんで、パッと振り返って「何にも言わないけど、ほんとに痛くないの?　大丈夫?」って聞いたら、「痛いですぅ」って（笑）。あの時だけかなあ、「痛い」って言ったのって。

少し前になりますが、骨が弱っていたのか、鎖骨が折れていたことがありました。それも1年ぐらいずーっと痛かったんですって。私も「なんか動きがちょっとぎこちないなぁ」と思ってたんですけどね。でも言わないから分からない。何かの時に「ほら、私ここの骨が折れてるからさ」って。「えっ？　いつ折れたの？」「いや、もう1年ぐらい前からだけど」「ええっ！」って感じでね。

「どうして言わないの？」と問い詰めると、「だって、言ったって、しょうがないじゃない」って（笑）。「しょうがない」って、確かに私は治せないけど、痛みを分かち合ったり、「じゃあ代わりにこうしよう」とか「病院に行こうか」とか、何かアイデアが出るじゃないですか。そんな感じですから、とにかく自立してました。まあ、立派ですよね、私なんか、全然自信ないですから（笑）。

家族を頼らないで、がんをね、あれだけ抱えて、仕事も最後まで全うしました。最後の作品になったドイツ映画「命みじかし、恋せよ乙女」だって、一人で現場に行って撮影してきました。自分の母親ですが、最期まで見事だった。それでいて、必死ではなく、気楽にやってますという雰囲気でいつもいましたね。

「自分が美しいと思えない生き方はしたくない」っていうことだったんでしょうね。良いとか悪いとかじゃなくて、あくまで自分の尺度ですべてを決めて突き進んでいたんだなっていう……。

つらければつらいほど、周りの人へのシンパシーというかそういうものが増幅する人なんじゃないかとも思いました。「お母さん、今、そんなにつらいんだから、自分のことだけで十分よ」って時でも、まだ人の心配してましたから。そういう質《たち》なんでしょうねえ。

で、そういう質を自分では「もう面倒なのよ」とは言ってました。いろんなことが見えちゃってね、「次にこうなったら、ああなるから、先にこっちをやっておかなきゃ」っていうところまで分かっちゃう。それが正解か不正解は別としてね。だから、口を出さずにはいられない、手を出さずにはいられない、ということなんでしょうけど。

母はお節介で情が深い

世間の方々が母のことを美化してくれるのはとてもありがたいことですが、私自身は、娘として母のもとで成長する中で、すごく嫌だったことがいくつもありました。でも、そういう部分が、母を母たらしめているんですけどね。例えば、道路にゴミが落ちていたら、まず自分で拾う。ヒッチハイクしてる人がいればすぐ乗せちゃう。困っている人がいたら、自分が急いでても「どうしたの?」って。とにかくお節介なんです。

近所で兄弟が大ゲンカをしているとね、窓からのぞいていた母が、タタタタターッと下におりていくんです。若い男が2人、取っ組み合っているんですよ。私は「やめてー。行かないでー。危ないからー」って言ったんだけどね。母はね、殴ってる方のお兄ちゃんを後ろから抱きしめて、なんかね、「そうだねえ。分かるよー。あんたの気持ちはよく分かるよ。つらかったんだね!」っていうようなことを言うんです。

普通、ケンカの仲裁は「何やってるんですか」とか「やめなさい」とか言うでしょ? でも母は、殴っている方を抱きしめたんです。その人もびっくりしちゃって。おバアさんが突然現れて、「あなたの怒りは私の中にもある」って言われたらねえ。2人とも、きょとんとしてケンカをやめちゃいました(笑)。何かに出くわした時に、よく考えもせずに咄嗟に自分の出来ることをやっちゃう。それが私にはすっごく嫌だったんです。だって怖いでしょう? ヒッチハイクでも、見ず知らずのおじさんを乗せちゃうんですよ。でも今、母が亡くなって、お節介な存在がいなくなってみると、母がしていたことは人間が生きていく中で、大切にしなきゃいけないことだったのかもしれないって、思えるようにはなりました。

私自身には、ああいう母みたいな情の深さが、自分の中には足りないなあって思います。それは、あまりに強烈な人が身近にいたから、私の出る幕がなかった、っていうのもあったでしょうね。正義感の塊みたいな人がそばにいると、常にその人が処理してくれるから、陰に隠れて見ているだけだった。母が亡くなった今、自分が母のように出来るかということを、やっぱり考えますね。

家族に対する距離感が時に寂しかった……

もう一つ、子どもの頃につらかったのは、母が芸能人だったことです。自分だけの母親じゃない、ということを、物心ついた時から感じていました。「どこにいても素性がバレている」とか「何で私にもっと時間を割いてくれないの?」とか「見ず知らずの人には、あんなに構ってあげるのに、私にはどうして?」って、思春期の頃までずっと葛藤していました。

母は「家族に対しては、逆にある一定の距離感を保とうとしている」って、普段から言っていました。だから、どこかちょっとよそよそしいというか。それもまた、母なりの流儀なんですね。たとえ娘であっても、夫であっても、孫であっても、いつも風が通るような距離感っていうのを意識していたなと思います。それはありがたくもあるけど、やっぱり寂しい時もあるんです。

でも、そのくらいの距離を取っておかないと、あれだけの強烈な個性の人だから、やっぱり私たちも、もっともっといがみ合っていただろうな、とも思うんです。母はそれを分かっていて、距離感をコントロールしていた。もちろん全部が全部計算していたわけじゃないでしょうけど。とにかく、しつこくはしないんです。

たとえば、私が子どもたちの進路について、母に相談したことがありました。母は「そんなの、私に責任負えないから、聞かないで」ってまず突き放して。で、次の日ぐらいに「あれさぁ、ちょっと考えたんだけど、こういうのどう?」とかってアイデアを出すんです。「ちょっとそれはあまりにも」って言って却下すると、「あっ、そう。じゃあいいわ。自分で考えてー」って言って、サラーッと終わらせる。一度言ったら終わり。

私自身が子育てしているから、そういう態度を保つことがいかに至難の業かというのは、もう痛感しますよね。「どうして、自分の思いをそこまでコントロール出来るのだろう」って、不思議に思っていました。どうして、その才能が私には引き継がれなかったんだろう？ 「やっぱり娘は父親の血を引くっていうからね」と母に笑われたこともありますね。

私は孫に嫌われてるのよー

「ずいぶんと考えが浅はかだねぇ」って、母にはよく言われました。「もうちょっと本質を見なきゃ」とかね。ガミガミ怒るってことはなかったけど、一番痛いところを突かれるというかね。もう「ほんとそうです」って降参するしかないっていう感じ。それは、私が小さい時からそうでした。全く子ども扱いされなかった。私に限らず、他の子どもたちにも平気で叱る。だからもう、友達を連れてきたりすると、友達が怒られるんじゃないかとヒヤヒヤしていました。もう、容赦ないですから（笑）。

それが孫に対しても変わらないんです。普通のおジイちゃん、おバアちゃんは孫が可愛いから、あれこれ買ってあげるじゃないですか。でも、モノはまず与えない。むやみに褒めたりもしない。ほんとに一個人として孫たちを見るし、批判もするんです、「それは違うんじゃないか」って。だから孫が懐いていない（笑）。やっぱり子どもって敏感だから、母が私たちの部屋に上がってきて、視線を孫に向けただけで、孫は「見ないでー」って言うの（笑）。

それが、母にウケて。「もう、すごい」と。「私が見ただけで、視線に耐えきれないのね、この子は面白い」とかって。そういう視点で見るんですよ。普通だったら寂しいと思いますよね。それを人に言うんですよ。「私は孫に嫌われてるのよー」って。裕也もね、家に来た時に「お前、嫌われてんだろう?」って、「今なら玄兎の機嫌がいいから声掛けてみろ」って言うの。玄兎が「来ないで。見ないで」って言ったら、裕也はうれしそうに「ほら、怖いだろ?」って。面白いですよねぇ。

《樹木さんに自宅でインタビューしていて、玄兎君が学校から帰ってきたことがあった。その時は「ばあば」と言って、走って樹木さんのところにやって来た》

母は「あら、珍しいわね」って言ったでしょう? 20回に1回ぐらい、そういうことがあるんです。そうすると、またこれは何とも言えない至福の顔しますね。たぶん常にベタベタされるのが嫌なんだと思う、おバアちゃんとして。勝手にやっててもらって、時々気が向いたら寄ってくるっていうのが理想的だったんでしょうねぇ。

私が子どもの時も、おもちゃ屋さんや洋服屋さんに連れていってもらったことがありません。買い物っていったら、自然食のスーパーに付いていくくらいです。洋服は、いろんな人のお古を着せられていました。知り合いの女優さんの要らなくなった服なんかを肩上げして着せられていました。

母も生まれた時からストイックだったわけじゃないみたいです。普通の家庭に育って、それなりにモノを買ったりモノがあふれたりする時代も、若い時にはあったと思うんですよ。だけどある時、どういうきっかけか、消費社会に対する憂いなのか、思うところがあったんでしょうね。そこから、必要なモノ以外は買わないってところにシフトして。私が生まれて、どう育てていくかという時に、それが母のスタイルに一番しっくりきたんでしょうね。

初めて洋服を買ってもらったのが、中学に入ったお祝いだったかな。山本耀司さんの店の前をたまたま通りかかったんです。「冠婚葬祭に行けるような、キチッとしたスー

2015年、主演作「あん」がカンヌ国際映画祭に招待され、内田也哉子さん（右）、孫の伽羅さん（左）とともにカンヌを訪れる　写真：石飛徳樹

ツみたいのが必要よね」ってなってね。「ああ、これもいいな。これもいいな。ジャケットとパンツ。ジャケットに合わすスカート。で、ワンピース」とかって悩んでたら、母が「じゃあ、それ全部下さい」って言って、全部買ってくれたの。もうねぇ、あの時のことは忘れないです。その太っ腹さにびっくりしちゃって。

その時に買った服ね、今でも着てるんですよ。母も時々「あれ、ちょっと貸して」って言って、紺のジャケットなんか、しょっちゅう2人で着てた。30何年間使ってるから、元は十分に取ってるんですけど（笑）。「ウチは貧乏なのかな」って思ってたから、「これくらいのお金は持ってるんだ」っていう衝撃がありました。

モノがあふれて当たり前の世の中になって、「でも、これしかなかったら、その中でどう発展させていくか」というクリエイティビティーみたいなことを伝えたかったんじゃないかと、今は思っています。でも、私が子育てしている中で考えると、それはほんとに難しいことで。たとえば、子どもに「周りの友達がみんな持ってるから、どうしても欲しい」って言われると、結局買ってあげちゃうんですよ。「子どもに寂しい思いをさせたくない」って。そんなものは、母からしたら、ばかばかしいことなんですね。自分がどうあるべきかってことだから、「周りは関係ない」っていう価値観だから。なかなかそれは真似できないですね。

文房具一つでもそうなんです。私が小学生だった1980年代は無印良品とかが出てきた頃でね。当然ですが、商品の基本色が白、茶色やグレーなどで地味なんですよ。私の文房具にはキャラクターのプリントもなく、全部シンプルなんです。それがもう、嫌で嫌で。お友達が可愛い文房具持っていて「今度交換っこしようね」って言うんだけど、一度もそういう中に入れてもらえなかった。本当に母のことを恨みました（笑）。「キャラクター付きの文具なんてセンス悪いじゃないの」って母は言うの。「えっ？あんなかっこ悪いものをあなたはいいと思うの？」って。「うわあ、私にはそのセンスはありえない。私がお金出すんだから、私の好きなモノしか買いません」って言って。

制服やお弁当のこと

小学校の制服が新しくなった時にね、「古い型を着ててもいい」って言われたのですが、みんな替えるんですよ。タータンチェックのスカートで、チェックの幅と色が少し変わったぐらいだから、そんなに大きな変化ではないのですが。母は「そんなモノは買わなくていい」と（笑）。「着倒すまでその制服を着なさい。そんなに欲しいんだったら、お年玉を貯めて買いなさい」と。私は、頑張ってお金を貯めて、やっと新しい制服を買いました。そうやって、モノのありがたみを人一倍教わったなっていうのはありますね。おもちゃ一つ、洋服一つ、日用品一つとっても、ほんとにそうでした。でも、子どもの頃はねえ、母のストイックさにもう本当に嫌気が差してました（笑）。

お弁当もそうでしたね。ウチは玄米だから茶色いんです。おかずも、煮物と梅干しと鮭と、っていう〝ザ・日本のお弁当〟でした。彩りなんてまったくない。80年代ですよ。バブル真っ盛りの時に一番ありえないタイプのお弁当でした。だからもう、いつも隅っこで食べてました。

大人になってね、今、友達がマクロビオティックがどうとか、自然食がどうとか、やっぱり精製されてない茶色いものがどれだけ身体にいいか、とか言ってますけど、そういうのを聞くと、複雑な気持ちですね（笑）。よく母が言ってましたけど、「子どもには、食べることだけしっかりきちんとさせとけばいい」と。「あとは勝手に世間が育ててくれると思ってる」っていうね。まさにそういう感じでした。「まんが日本昔ばなし」に出てくるような、鉄のお釜で、分厚い木の蓋が付いてるUFOみたいなお釜で、いつも玄米を炊いていました。出汁《だし》も、ちゃんと煮干しや昆布とかで取って、お味噌汁を作って。お肉はほとんど出なかったですね。だいたい煮魚や焼き魚ぐらいで。あとはぬか漬け。

今思えばもう最高にヘルシーなんだけども、子どもながらに「白いご飯食べてみたいなぁ」って。たまーに外食に連れてってくれるんですけどね。その時に「お母ちゃん、白いご飯って、おいしいねぇ」って言ったんですって。そしたら、そのレストランの人が「あんた、子どもに何食べさせてんの？」って（笑）。だから人の家に行ったら、「こんな、こんなおいしいものがあるんだ！」ってね。だから喜ばれましたけどね。「何でも喜んで食べてくれるね、也哉子は」って。

母の教え

母は当時、仕事がすごく忙しかったんですが、必ずご飯だけは炊いて、お味噌汁を作って、あとは「冷蔵庫に入ってるこれを食べなさい」とかメモ書きがしてありました。カギっ子でね、一人で家に帰ってくると、そのメモ読んで、言われた通り出して、一人で食べてました。4年生ぐらいからかなあ、お味噌汁は自分で作っていました。

レトルト食品はもう結構あったんですけど、一度も見たことがなかった。ファストフードも子どもの時は一度も行かなかった。中学になって初めて、友達が放課後にファストフード店に行くっていうから、ドキドキしながら付いていったのを覚えています。ハンバーガーとかフライドポテトとか、それはそれはおいしかった（笑）。ほんとに極端な生活でしたね。

母は当時、CMの仕事がたくさんあって、海外ロケにも結構行ってたんです。珍しい国とかに行く時に、必ず学校をバーンと休ませて、1週間でも10日でも、連れていってくれるんですよ。私の方は「えっ？　学校そんな休んでいいの？」って言うと、「当たり前じゃない！　こっちの方がよっぽど人生経験になるわよ」っていう感じでした。先生が「ここまで休むと、あとが大変ですよ」って言っても、「こっちの方が大事です。もっと自由に休める学校にしなさい」って、親が言うんですよ。

「勉強しなさい」なんてことも一度も言ったことなかった。言われない分怖くなるんですよね。高校受験の時に「みんな塾に行ってるのに、私だけ行ってない」ってお願いして、塾に通わせてもらったりしました。母は「学校で習ってることが出来ないんだったら、どこへ行っても一緒よ」とかって言うんです。自分が好きなことはとことん追究して、自分で見て、体験することが最も大事で、試験で何点取ったかについては、一言も言わなかったですね。それもすごいなと思います。私なんか、子どもに言ってますもん、「宿題やったの?」とか（笑）。そこらへんを母には「自分で気づかせないと」って言われる。「ああ、そっか」ってなるんですけどね。

私は、母の子育てのエッセンスだけ取り入れて、一般社会からもあまり浮かないようにしたいと思っているんです。子どもの時に本当にさみしい思いをしたんで。さすがにあれは過酷だった。だから、ほどほどの感じでウチはいこう、と。で、母もね、「まあ、それはそれでいいんじゃない」って言ってました。「私はああいう生き方しか出来なかったからさ」って。

でも、「子どもに向き合いすぎる」ということは言われました。「洗濯機も掃除機もなかった頃から考えたら、今の親は時間が余ってるから、子どもの将来について考えるゆとりがありすぎるんだ」って。「そんなことよりも、親が仕事をして、好きなことをやって、その佇まいを子どもが見て、子どもは子どもで、転んだり起き上がったりしながら、育っていくのがいい」と、母は思ってましたね。

私には、専業主婦じゃなくて、「もっと働きなさい」と言いました。「社会のいろんな人と出会えるように、もっと時間をうまく使いなさい」って。最後までそれは言ってました。きっと、一人で立つっていうことを伝えたいんでしょうね。一人の人間として自分の生を全うする。それにはやっぱり、自分がやりたいことに出会うことが大事だ、と。それで、出会った後に、それを周りの人や世の中に還元出来るかっていうことを、母はすごく大切にしてたと思いますね。

普通はね、理想があっても実践が難しいものですけど、母の場合は、頭で考えるよりも先に実践があったんだと思うんです。常に何かを解決する時はものすごいエネルギーでスピード感を持ってやるんです。「一番嫌だと思うことを先にやりなさい」って言われた。

「後回しにするからもっとつらくなる。先にやっちゃいなさい」って子どもの時から言われていました。全然出来てませんけど（笑）。母が言うもんだから、3回に1回ぐらいは頑張るかなあ。いくら娘でも、あそこまでの精神力とか行動力に付いていくのは無理ですよ。

母の実家は、ほんとに穏やかな普通の商売人で。でも生まれた時から「啓子ちゃんはもうこんなんじゃ将来食いっぱぐれる」って。「なぜなら、口は悪いし、何でもこうやって鋭く見てるし」って。だから、生まれ持った質《たち》なんですよ。なんか本質を察知してしまう。だから「母が役者という職業と出会えて、本当によかった」と思います。他のどんな職業でも、自分も生かしきれなかっただろうし、周りへの被害が甚大だったろうから（笑）。

それは本人も思ってましたね。人の嫌なところを見て、「次の役にこうやって生かそう」っていうのね、そんな職業、なかなかないですもんね？　本当によく見ていますから。もう自然に見えちゃうんですよね。片目が見えなくなった時、「これでちょうどいいんだわ」って言っていました。「今まで見えすぎてたから、少し楽になった」って。

見えたら見えたなりに苦しいこともあったと思うけれど、役者は天職だったのではないでしょうか。

両親が極端だと自分でブレーキを踏む

《樹木さんとの共演が多かった由利徹さんは、也哉子さんについて「あんたと裕也の子だろ? なんであんな真っ当な子が出来たんだ」と不思議がっていたという》

やっぱり両親があまりに極端だとね、自分でブレーキを踏むんですよね、子どもながらに。「こうなってはいけない、ああなってはいけない」って、どっちを見ても極端ですからね(笑)。中庸を自分で探すっていうかね。

でも、逆にそれがねぇ、自分ではつまんないなと思うんですよ。バランスをいつも取ろうとしちゃうから。こういう家庭でなかったら、ほんとはどういう人間でありたかったかっていうのを考えると、ちょっと遠くを眺めちゃうところはあるんです。

小学校の頃は、親が誰であるかっていうのは、日本の人には絶対に言わない子だったんですよ。もうとにかく伏せる。「お母さんは役者では決してないし、普通の主婦だ」

って言い張って、ウソついてたぐらい。「いや、もう、関係ありません」ぐらいの。でもまあ19歳で結婚した時には、旦那さんもやっぱり役者だったから、「もうしょうがない」と（笑）。「私の家族はみんな、さらけ出さなきゃいけないんだ」っていうところから「運命を受け入れよう」という感じで、親のことを聞かれても、隠さずに「そうですよ」って普通に話せるようになりました（笑）。

私が生まれた時にはすでに両親は別居していました。母はね、情がとても深いんだけれども、逆にものすごく「冷めてるなぁー」って思う瞬間もあるんです。本人もちゃんと自覚していて「それは表裏一体だ」というようなことも言ってました。決してただの世話焼きおばちゃんというだけではなく、ある種の冷酷さを持ち合わせた人が繰り出す深い情だから、何というか、純度が高いっていうか、鋭く突き刺さるパワーがあるんですよ。波風立てない優しさじゃない、からとても怖いんですよね。

父はね、とてつもなく繊細な人でした。それは母自身も言ってたけれど、私がもし男だったらそんな鋭さを常に持ってる奥さんと365日一緒にいられるか。いられないよねぇって思う。それを母自身が一番分かっていました。だからこそ、母から父に、別のマンションの鍵を渡して「どうか、ちょっと別居させて下さい」って言ったんですって。

このまま同居していたら、父も自分も潰すことになる。おなかには子どもがいるし、ちゃんと生きなきゃいけないから、お互いの生命維持のために(笑)、「さあ、どうぞ、と鍵を渡した」って言ってました。「お父さんは可哀想よね。私みたいな人に引っかかっちゃったばっかりに」って母がよく言うんです。「そんなの、反対じゃない?」って普通は言うんだけども。本当に掘り下げていって、母がどういう人かというのを見極めていけば、すごくそのことは腑に落ちるっていうか、「ほんとにそうだな」と思うんです。

父はね、どっちかっていうとすごく博愛精神の持ち主だから、誰にでも愛情を振りまく。それはもう、男女を問わず。ただ、母みたいな人と出会って夫婦になったっていうことは、かなり重く受け止めていた。もちろん1回は離婚届を出そうとしたけども、やはり母という存在を心のどこかにずっと持ち続けていたと思うから。よくも悪くもですけど(笑)。逃れたいとも思ったでしょうし、「ああ、助かるなぁ」っていうこともあるでしょうし、それはいろんな気持ちが混ざり合っていたんでしょうね。

父と母とお金

私はね、小さい時は父がもう面倒で仕方なかった。時々真夜中に現れてはモノをひっくり返して、大声で叫んでわめいて、もう嫌で嫌でしょうがなかった。それはもう、確実にトラウマとしてあるんです。正常な父をほとんど見たことがなかったから。でも、父を一方的に責める気にもなれないですね。父は度胸がないからか、酔っ払って殴り込みに来る時しか、家族に顔を向けられない。そういう弱さを持ってるな、って子どもながらに思っていました。

母はね、父と出会ってから、1円たりとも金銭的援助を受けていません。むしろ結婚する前に父のそれまで抱えていた借金をすべて返して回ったそうです。父を問いただすと「俺だってあったら出す」と(笑)。きっと、お金がある時もあったはずなんです。でも、お金があると、周りの人にばらまくんですよ。例えば飲みに連れていったりね。「ご祝儀は最低50万は入れるだろう」って言うのを聞いて驚いたことがありました。「そんな金額聞いたことないよ」って言うと、「俺は芸能界で生きてきたんだ」って。

はっきりしてることは、父がお金をたくさん母からせびったとしても、それを、自分の欲望を満たすためだけにお金を使うというより、どちらかというと、自分の身近な世間に還元しちゃっているというか。もちろん、それはとても下手なやり方で、自分勝手なんだけど、「あいつも困ってんだよ」って、「俺といる時くらい、奢《おご》ってやんなきゃ」とか、「こういう時ぐらいご祝儀ちゃんと出してやんなきゃ」とかね。

母は計算できた上でお金を使うけれども、父はまったく計算が出来ない（笑）。私は母に「お金をあげなければ、浪費癖は止まるんじゃないか」ってずっと言い続けたんだけど、「もういいのよ。あの性格を変えるのは至難の業。これが私の責任の取り方というか、自分が好きで出会ってしまって、自分が結婚したいと思ってしたんだから……」って言うんです。

父は放っておくと、周りに借金しちゃうんですよね。実際、その借金を、母がどれだけ返済してきたか。で、返済しに行くたびに、「どうか、もう二度と裕也には貸さないで下さい」って言ってるんです。貸した方はもう笑っちゃって。ねぇ、だって、奥さんが返しに来ると思えば、安心して貸してあげられますもんね。

今、両親が亡くなって、再び成長しないといけない時機に立っています。「ああ、やっぱり、結局私はこうやって母のこと、父のことをいろんな人に聞かれ、書いてくれって言われるんだな」というジレンマもあります。母親の付属品じゃないけど、いつまでたっても自立できないって思っている節もありますが、いや、これは一生付きまとうぞ、と。だったら、どうやってこの境遇を面白がるか。そうするうちに「これが私の個性のひとつだ」というところに落ち着きました。両親のことは、私がもうちょっと時間をかけて消化していかなきゃいけないんだと思います。そう。大きな宿題を与えられましたね（笑）。

両親と3人で欧州旅行

《也哉子さんは幼稚園から小学校6年生までインターナショナルスクールに通い、高校生でスイスに留学している》

インターナショナルスクールに行ったのは英才教育でもなんでもないんです。当時、父と母が離婚調停をしていた頃、あまりにマスコミが追いかけてくるんで、日本の幼稚園に行かせようとしても「こんなに騒がれる状態では、入れられない」という感じで断られたそうです。「あっ、そうか、日本の学校に行ったら、素性がばれてる」と。外国人ばっかりだったら誰も興味も持たないし、知らないだろうというね、とりあえずその場しのぎで入れられたんです（笑）。

で、日本語があまりにも拙いから、6年生で日本の小学校に半年編入して、中学は日本の公立中学に行きました。で、都立高校に入ったんですが、ちょうどその頃、チーマーっていうのが流行ってて。六本木にある高校だったから、みんな、深夜までパーティーとか開いて「いかに遊べるか」っていうことをやってたんです。私は、そういうことが楽しいと思えなかった。だからすごく孤独を感じて。

「そうだ、自分の好きなフランス映画を原語で理解できたらどんなに素敵だろう」って思って、小学6年までやっていた英語と、それからフランス語を同時に学べる国に行きたい、と思ったんです。で、母に相談するとね、「お金は出すけど、自分で探して段取りするんだったらいいよ」って言われて。そこから大使館巡りをしたんです。

フランス語が公用語の国、フランスとカナダとスイスの大使館を回りました。で、一番スイス大使館が対応がよかったの。それでスイスの学校を選んで「決めたからお金出して」って言ったら「分かりました」って出してくれた。

母はすごく古風なんです。「結婚したら、嫁いだ先の家に仕えるんだ」とか言うわけです。だけどそれと真逆な「反骨精神?」っていうぐらいの振れ幅がある。変化を恐れることはなく、「こうだと思ったら、世間の風潮など関係なく、最後まで貫き通せ」ってところがある。16歳の娘が突然「フランス語やりたいから」と言って、「いいわよ。お金出すから行ってきなさい」ってことにはなりませんよね。少なくとも高校を卒業してから、とか言いますよね。しかしうちの場合は「ひらめいた時がその時」みたいな感じなんです。

《スイスの高校を卒業した年、両親と3人で欧州旅行をした》

最初で最後にみんなで旅行したんですけど、ものすごくストレスフルな旅行でした(笑)。まさか父も来るとは思わなくて。ジュネーブで卒業式をして、イタリアのベニスに行ってね。「ベニスに死す」の舞台のホテル・デ・バンに泊まりました。そこからパリに行ったんですが、まあ、私は毎日泣いてましたよ(笑)。父は60年代に一人でパリに住んでいたことがあって、その時の思い出の宿や、よく通ったレストランとかを見せて回りたくて。でも、何十年も経ちすぎて、もうなくなっていたり、見つからなかったりするわけですよね。そして、5分もすると、父が揉め事を起こすんです。

「あのウェイターの態度が気にくわねぇ」とかって言ってね、下手な英語で「ファッキン、ファッキン」って言って。私は英語が分かるから、「そんなこと言わないでー」って言って、「向こうだって愛想振りまいてる時間がないだけよ」とかね。父はすっごく怖がりなんです。だから「俺を見下してるな」って思った瞬間に、ワアッと「自分は大きいんだ」って威嚇したくなっちゃうんです。

父は確かに誰かを見下すことはあまりしませんでした。だから「ちょっと見下された」っていうことが大事件なんですね。人とは常に対等な関係を持ちたい。「自分がこんなにリスペクトしてるんだから、おまえも同じレベルのリスペクトを返すべきだろ」と、そういう無理難題をかざすんです。

「ねえ、お母さん、もう二度とこういう旅はしないで」って言いました。母も「しないだろうね、うん」で終わり（笑）。

父に本木雅弘さんとの結婚を報告する

でもね、その帰りの飛行機でね、成田に飛行機が着陸する時に、隣に座ってた父に「本木さんと結婚することになりました」という報告をしたんです。母にはすでに伝えていたんですけど、「ちゃんとあなたがお父さんに、面と向かって報告しなさい」と。でも、旅行の途中はそんなんで、すったもんだばっかりだったから、もうほんとに着陸する寸前に言ったんです。「おっ？　えっ？　ちょっと、ちょっと何でこんな時に言うんだ！」と慌てるから、「だって、言う暇なかったじゃない」って返してね。もうほんとにコメディーですよねぇ。

母が「ちゃんとお父さんを立てて『お父さんが紹介してくれた本木さんです』って言いなさいよ」と言うんです。確かにそうなんです。父の紹介のようなものなんです。我が家は年に1回ね、父の日に父と会うことになっていたんですが、私が15歳の年に約束をすっぽかされた。次の日、酔っ払った父から電話がありました。「きのう悪かったな」の一言もなく、「今、六本木で飲んでるから出てこい」って、六本木のすし屋に呼び出されたんです。

でね、行ってみたら、父が企画した「魚からダイオキシン!!」っていう映画のチームが集まっていました。その中に本木さんもいたんです。私は、父に呼び出されたのに「ちょっとあっちに座ってろ」って（笑）。一応「ああ、これは本木な」「也哉子だ」とかって紹介されました。翌年、本木さんが米アカデミー賞の中継番組でリポーターをすることになって、本木さんの事務所の社長から「也哉ちゃん、映画好きだったよね？　英語も出来るよね？　ちょっとバイトしない？」って言われて、「はい！　したいですー！」って、行ったんです。

その時に2人でレッドカーペットを歩いたりしました。「羊たちの沈黙」が受賞した1992年でした。その後、「おくりびと」でレッドカーペットを歩くことになるとは。

私はスイスに留学していたので別れ際に住所交換をして。それから文通が始まりました。その翌年、本木さんがスイスの学校に会いに来てくれたんです。

だからきっかけは確かに父なんです。母は「お父さんに紹介していただいたって言ったら、悪い気しないから」ってアドバイスをするのでそう言いました（笑）。

留学もそうですが、結婚も反対されるものだと思っていました。大学が決まったばかりの19歳ですからね。「本木さんが結婚したいと言っている」と相談した時、母は一瞬躊躇したんです。「いやあ、一般の人では、ダメなの？」って。でも、「私が一人娘だから、本木さんが『内田家の養子に入ってもいい』って」と話すと、「えーっ！　それはなんてありがたい！」って結婚に大賛成になりました。

あとは、本木さんの実家は16代続く農家なんです。「何百年も同じ場所で、人間にとって最も大切なお米と野菜を作り続けた人の子孫なわけ？」って。「雅弘さんはそんな素晴らしい遺伝子を持ってる人なのね」って、まずはそこが一番気に入っていました。自然とともに、日々のことを繰り返し積み重ねてこられるだけの精神力と忍耐力、その謙虚な偉大さに、もうほんとにひれ伏してましたね。

そうなるとね、母はもう揺るがないんです。「大学はどうしよう？」って言ってもね、「勉強なんか、いつでも出来る」と。普通は逆ですよね、せっかく大学に合格したんだから。でも母は「たまたま人生のこのタイミングで出会って、『結婚したい』って言ってくれたんだから、それはもう乗らない手はないじゃない？」っていう考え方なんです。

「子どもを育てるのは体力が要るから、若いうちがいい。勉強も働くのも後でいくらでも出来る」って言われた時、「この人、相当ぶっ飛んでるなぁ」と改めて思いました。私としては「反対されるであろう」と思って言ったことがことごとく、「いいんじゃない?」って後押しされちゃうから、なんかこう暖簾《のれん》に腕押しというのか……。まあ、でもそのお陰もあって、10代の終わりに新たな世界に漕ぎ出せたわけですね。

だから、いまだにそういうことも含めて、自分でバランスを取ることを常に意識しちゃうんですよね。母に委ねてると、ことごとく意外な方向に行ってしまうから、やっぱり不安で仕方がない。小さい頃から「お母さんはああ言ってるけど、本当にこれでいいのかなぁ?」って思いながら調整している感じです。

母の理屈は分かるんです。あんまり親が押さえ付けちゃうと、そのルールからはみ出したくなるってのが人間の心理。だからそれを、何ていうのかな、ただ刺激することになるくらいなら「基本は、よっぽど人に迷惑さえかけなければ、何でもいいんだ」と。

だって、包丁だって、もう幼稚園ぐらいから握らされて、手を切っても「ああ、そう」ぐらいの感じで。火の中に手を一瞬突っ込まれたこともあります。「熱いでしょ？」「ほら、熱いって分かったら、もう触らないでしょ」って。手すりがない階段で、身を乗り出させられて「ほら、こんなふうに落ちるんだよ」と言われたり。「そこまでしなくていいから」っていうぐらい、皮膚感覚で学ばせるんです。道でつまずきかけても「危ない」って言わない。そのままつまずかせて、膝を擦りむいて「ね、だからこういう場所ではもうちょっとゆっくり歩けばいいでしょ？」って一言だけ。いや、私には真似出来ない。親も相当ね、覚悟がないと出来ないですよ。

母と本木さんとのやりとり

《樹木さんは「本木さんとは、細かいことが気になるというところが似ている」と話していた》

あ、そうですか？　確かに几帳面なところは近いかもしれませんね。表れ方は全く違ってますけど（笑）。本木さんも15歳で芸能界に入っているから、ちょっと世間とずれてるところはもちろんあるんですが（笑）、でも、基本のところで人に対する思いとか価値観とか、こうあるべきってことが、とても真っ当なんです。

だから、母は本木さんにいろんなことを聞いていましたね。「これって、私はこう思うんだけど、どう思う?」って。本木さんの答えを聞いて「ああ、そうか、そうか。分かった。ありがとう、ありがとう。じゃあね」って頷きながら、自分の部屋に戻っていくんだけど、そういうの見てると、私もうれしいなぁと思う。もちろん、些細なケンカとかもお互い遠慮なくするんですよ。お芝居のことも、物事の価値観についてもバンバン二人で言い合って、

「それは、樹木さんでしか通用しないですよ」

「いやっ、あなたはそんなに自分を狭くしちゃダメよ」

なんてヒートアップしていくこともあるし(笑)。

だけど、人として認めてたから肝心な時にはお互いに聞き合ってました。原田眞人監督の「日本のいちばん長い日」で、本木さんに昭和天皇の役が来た時には、本人は「あまりにも役が大きすぎて、断るべきか迷っている」って言っていたんです。でも母が台本を読んで、原田さんの映画だし、「これは絶対、本木さんに合ってる」って言ってね、やめかけてたのを「やった方がいい」って勧めて、結局、「じゃあ、やってみます」っ

てなったこともありました。「あっ、これはやんなくていい」ということもありましたけどね（笑）。

で、母も「じゃあ本木さん、これ読んでー。どう思う？」とかって、結構そういうことやってましたね。本木さん自身はもともと社交的じゃないから、外にお友達も正直いないし、結婚してからの25年間を見ても、基本はあまり人を必要としてない感じなんです。仕事に行けば大勢の人に会うから、プライベートでは出来るだけ人傾いしたくないという感じなんだけれども、母とは特別で、その鋭さとユニークさは唯一無二だと言ってくれて、頼りにしていたようです。今でも「樹木さんだったら、何て言うかなぁ」と、悩みはじめるとボヤいています。

母の結婚観や家族観はなかなか受け入れられなかった

母の結婚観や家族観はなかなか受け入れられませんでした。母が守りたかった家、あるいは全うしたかった理想の家って、一体何なのだろう、と。だって、最初は名ばかり、形ばかりの内田家でしたから。とにかく古風な一面を持っていた人だから、「一度決めたからには、責任を持って内田家を存続させたい」って。「でも、やっぱり内田さんはいないし、で、本木さんが本木家から内田家に入ってくれたのに、なんかもうほんとにスカスカの内田家ね」なんて言って笑ってたんだけど。でも、「たとえ主人が不在でも、存続させることに意義がある」って本気で思っていましたね。

私はどっちかっていうと、「そこまで母がこだわるんならば、そのこだわりを引き受けましょう」っていう立場でした。私も本木さんも、「結婚っていう形はこうあるべきだ」っていうのは、当初はそんなになかったから、「内田家に一番こだわりたい母がハッピーな方がいいから、じゃあそのスタイルで行きましょう」ぐらいの考えでした。

ただ、やっぱり結婚して気づいたんですが、本木さんのお父さんとお母さんは、本木さんの姓が変わったことを、とっても寂しがっていましたね。最初の何年かは、私もすごく申し訳なくて、「もうー、お母さん、お願いだから、そろそろ私、本木家に入ってもいい？」なんて相談も何回かしたことがありました。「お母さん、もう気が済んだでしょう？」って。

でも、何年も何年も歳月を重ねていく中で、雅弘が内田家に入ったっていうことの面白さみたいなものを、お父さんもお母さんも今は感じて下さっているみたいです。それは時を経て、すごく感じますね。「雅弘も雅弘なりに、立派に内田家を支えて頑張ってるんだな」っていう、「息子、よく頑張ってるな」っていう眼差しになったように思います。「よく人助けをしたね」っていう眼差しかも分かりませんけど（笑）。

でも、やっぱり私は、そうはいっても、父の血を引き継いでるから、父がしょうもない事件を起こしたり、周囲から「お父さんがあんなことをやってたよ、こんなことをやってたよ」って聞くたびに「何でね、こんな人をね、うちのシンボルとして奉らなきゃいけないの？」って、ことあるごとに母に言ってました。そのたびに、母は断固として「それはあなたのお父さんなんだから、リスペクトして当たり前でしょ？」って言って、それで話が終わっちゃう。ずーっと心のどこかで、今でもそうですが、「何だったんだろう、この夫婦は？」っていうモヤモヤしたものがありました。

でも、それが、母の葬儀の前に出てきた、父の昔の手紙を読んでね、気持ちが変わりました。どんな男女でも、出会った時はああいう初々しい想いがあったとは思うけれども、娘の私はそういう愛情の片鱗を一度も見せてもらえないまま育ったから、ただ、なんか名前だけ、形だけを守ってるみたいな、そういう夫婦だと思っていたから、「なんか心がそこにないじゃない」って、もどかしく感じていたんです。

だから、「早く離婚すればいいのに」って、いつも思っていました。だけど、母の信念のあまりの強さに、もう仕方がないって受け入れるようになりました。それで晩年、2人が互いに老いていく中で、父が「やっぱり俺たち離婚しなくてよかったなぁ」なんて言うんですよ。結局はそれが聞けただけでも、子どもとしては救われたと思うんです。

父と母にしたら、孫たちがいる光景そのものが、不思議というか、何とも言えない喜びを感じたんでしょうね。で、あそこまでこだわってきた内田家っていうものを守った結果がこの子たちなんだとか、この先の彼らの未来なんだってことに思いを馳せた時に、何かこう、きっと父が思わず言った「離婚しなくてよかったなぁ」っていう言葉に変わった瞬間なのかもしれませんね。

母から、父から受け取ったものを、私は生かせるのか

まだ今は母が亡くなってそう間もないから、いろんな人が毎日のように連絡を下さって、母のことを活字や映像といったメディアで取り上げようとして下さるんですが、まあ、それも母の言葉を借りるならば、「面白がれるなら手伝いなさい」っていうね、せっかくやるんだったら「嫌々」とか「恥ずかしい」なんて思わず、腹をくって、どこの部分が面白がれるかが肝心というか。当然、何でもかんでも楽ではないけれど、柔軟な視点を持って面白がれる「自分の器」を深めていく時期なんじゃないかと感じています。

正直、まだ日々の気忙しさにとらわれて、この数時間のインタビュー内で母とのことを語り尽くせるとは思えません。私にとってはあまりにもインパクトが大き過ぎて、自分の言葉も時間も足りませんし、逆にいつになったら機が熟すかも分かりません。ただ、奇遇にも母が石飛さんと最後のロングインタビューの機会を頂いたことにご縁を感じ、今回はその懐に甘えて駆け足で遡ってみましたが、往生際悪く一抹の不安が残ります。

母はいつも「足るを知る」ということを大切にしていました。どこか自分から遠くのものを追いかけるというより「身の丈に合ったことに、きちんと向き合いたい」という人でした。両親が相次いで亡くなり、喪失感や絶望感があると同時に、独りぼっちで立たされた今こそ「さあ、これからどうする？」という、ある種の高揚感みたいなものが出てきています。母や父から受け取ったものを今後、私は生かせるのか、生かしきれないのか。そういう大きな自分の節目の時なんだという予感がしています。これまでの母の教えは、心身ともに染み付いているものの、なかなか有言実行できずに私はもがいていますが、どこか母も目指したように、慎ましい気高さを持った人間でありたいと願いつつ、これからも学んでいければと思っています。

樹木さんと也哉子さんのインタビューを終えて

2018年春、新聞連載のために3日間、樹木さんにインタビューをした。仕事との向き合い方、結婚生活や子育てのありよう、そして病気と死生観のお話……。いずれも世の常識とは大きくかけ離れていて、それゆえに、こちらの凡庸な頭が大いに揺さぶられた。樹木さんがこんなに腰を据えて、自らの来し方を体系的に語ったものは読んだことがない。「これはぜひ本にしたいです」と提案した。すると「本にするのはやめて」と言下に否定された。「分かりました。本はよしましょう」とすぐに引き下がった。

西麻布のレストランで3日目のインタビューを終え、一緒に歩いて六本木方面に向かった。「私、ここで髪を切っていくから。じゃあ、元気でね」と手を振って入っていったのは、芸能人御用達のお洒落な美容院ではなく、ごく普通の、街の床屋さんだった。

半年後、樹木さんは亡くなられた。床屋の前で別れたのが最後になった。プロローグで記したように、インタビューの初日に、樹木さんから余命がいくばくもないことを打ち明けられていた。「なんでも聞いていいわよ」と言ってくれた。死を前にした樹木さんが遺言のつもりで、すべてを語っておこうと思われたのだろう。ところが、新聞連載にはほんの一部しか使っていない。これを眠ったままにするのは、むしろ罪なのではないか。私が味わった興奮を、もっと多くの人に共有してもらいたくなった。

樹木さんは一人娘の也哉子さんのことを多く語っていた。逆に也哉子さんからは母親は一体どんな風に見えていたのだろう。母に次いで父の内田裕也さんを亡くしたばかりの也哉子さんだったが、無理を言ってインタビューを引き受けてもらった。物心付いてから最期の看取りまでを、母譲りのセンスで語ってくれた。それは樹木さんに対する見事なアンサーになっていた。本書では少々駆け足になったので、今度は也哉子さん自身の文章で、じっくりと樹木さんのことを書いていただきたいとも感じた。

本が出来たら、樹木さんのお墓に持参し、こう報告したいと思う。「樹木さん、ごめんなさい。本、作ってしまいました」

二〇一九年七月八日

石飛徳樹

樹木希林 きき・きりん

役者。1943年東京都生まれ、2018年9月15日に75歳で逝去。61年に文学座附属演劇研究所に入所、芸名「悠木千帆」とし、64年森繁久彌主演のテレビドラマ「七人の孫」、以後「時間ですよ」「寺内貫太郎一家」「夢千代日記」に出演。富士フイルム、味の素「ほんだし」などのテレビコマーシャルにも出演。77年に「樹木希林」と改名。2000年以後、映画出演が増える。「歩いても 歩いても」「わが母の記」(日本アカデミー賞最優秀主演女優賞)「神宮希林 わたしの神様」「あん」「万引き家族」など多数。08年紫綬褒章、14年旭日小綬章を受章。03年網膜剥離で左目の視力を失い、05年、乳がんにより右乳房の全摘手術、13年、全身がんであることを公表。長女に文筆家の内田也哉子、娘婿に俳優の本木雅弘、夫はロックンローラーの内田裕也(2019年3月17日に逝去)。

石飛徳樹 いしとび・のりき

朝日新聞編集委員。1960年、大阪市生まれ。神戸大学法学部卒。84年、朝日新聞社に入社。校閲部、前橋支局などを経て、文化くらし報道部で映画を担当している。著書・編著書に「名古屋で書いた映画評150本」(徳間書店)、「もういちどあなたへ　追憶　高倉健」(朝日新聞出版)。「キネマ旬報」や「映画芸術」などの映画誌にも執筆。

初出

樹木希林さんへのインタビューは、2018年３月22日、27日、４月４日に計７時間にわたり行われました(「樹木希林『語る　人生の贈りもの』」として、2018年５月８日から25日まで14回、朝日新聞に掲載)。本書は同インタビューを大幅に加筆し、再構成したものです。また「内田也哉子、母・樹木希林を語る」は2019年５月30日に行われた、内田也哉子さんへのインタビューをまとめたものです。
ともに聞き手は石飛徳樹編集委員。

JASRAC 出 1907915-901

朝日新書
729

この世《よ》を生《い》き切《き》る醍醐味《だいごみ》

2019年 8 月30日 第 1 刷発行

著　者　樹木希林
聞き手　朝日新聞編集委員　石飛徳樹
発行者　三宮博信
カバーデザイン　アンスガー・フォルマー　田嶋佳子
印刷所　凸版印刷株式会社
発行所　朝日新聞出版
〒104-8011　東京都中央区築地 5-3-2
電話　03-5541-8832（編集）
　　　03-5540-7793（販売）

Published in Japan by Asahi Shimbun Publications Inc.
ISBN 978-4-02-295037-6
定価はカバーに表示してあります。
落丁・乱丁の場合は弊社業務部(電話03-5540-7800)へご連絡ください。
送料弊社負担にてお取り替えいたします。